JN141388

幸せになるヒント

わたしの出会った観音様たち

一般社団法人日本看取り士会 会長
柴田久美子 著

ミネルヴァ書房

はしがき

介護の仕事に入った28年前、その初日から私は感動と驚きの涙を流しました。それ以前、日本マクドナルドというスピードと効率の世界にいた私には、考えられないほどに、豊かな時間がそこにはあったからです。

１９９３年。特別養護老人ホームに寮母として入った初日のことでした。尊敬する幸齢者様の手を引いてトイレに誘導する。車イスを押す。オムツを替える。

それが私の仕事でした。先輩が「こうしなさい」と一例だけ見せてくれます。その後、私は決してうまくはできませんが、幸齢者様（高齢者を指す筆者の言葉：編集者注）の手を引いてトイレへと向かいます。するとたどたどしい声で、初対面で新米の私に「ありがとう」とおっしゃる。

今までハンバーガーに笑顔を添えて何十万回「ありがとう」と伝えてきたことだろう。そしてそれを糧に暮らしていた私。

私は思わず幸齢者様にこう言いました。

「給料をいただいています。『ありがとう』とおっしゃらないでください。当たり前です」

ところが驚いたことに、幸齢者様は私が手を添えるだけで「ありがとう」「ありがとう」「ありがとう」と、どなたもが繰り返されたのです。限りない「ありがとう」の言葉のシャワーを浴びながら初日の仕事を終えました。

家への帰り道、車の運転中の私はあふれ出る涙に運転することができず、何度も路肩に止めて号泣しました。こんなにももったいない世界があったのだと、感動の涙が止まらなかったのです。幸齢者様にいただいた「ありがとう」の言葉を身近な人に返していこう、そう固く決意をした日でした。

そしてこの感動を一人でも多くの方と分かち合いたいと「介護日記～私の出会った観音様たち」を書き始めました。あれから28年、たくさんの幸齢者様との出会いをいただき、私はそのお一方お一方に観音様を見ました。

観音様（仏様）は衆生の願いに応じて姿を変えて（化身）現れるという。だとすれば私にとっては、幸齢者や障がい者、母親や子供たち、そして光や風、花々も鳥も……、出会うすべての人や自然が観音様の化身だったと思う……。

私はそのことに気づいてから、高齢者のことを「幸齢者」という書き方をするようになりました。それは私たちにたくさんの幸せをもたらしてくださるからです。


私は、たくさんの観音様に、「看取り士」として育てあげていただきました。

本書は、介護日記を書き始めてからの100篇に、最近（一年以内）の「看取り士日記」を10篇ほど加えてまとめたものですが、私が「看取り士」となった原点はここにあります。この秋、映画『みとりし』の上映を好機に、感謝の思いを込めて出版させていただくことになりました。

皆さんが仕事に行き詰まったとき、ちょっと手を休めてこの本に目を通していただければと思います。介護の現場の方々のみならず皆様にとってこの本がポジティブ思考の一助となるのではと思います。

そして「幸せになるヒント」になればうれしい限りです。

私の夢――〝最期の時　全ての人が愛されていると感じられる国創り〟を夢みて…。

全ての人々の幸せを祈り、深い感謝を込めて、合掌。

２０１９年　春

看取り士　柴田久美子

※本文中に紹介させていただいたお名前は、一部の方を除き、すべて仮名としています。また、痴呆は「認知症」に、看護婦は「看護師」に改めています。ご了承下さい。

知夫里島にて

目次

挿絵：小林俊一

1

あなたが今そこにいることが大切です

人は、一人では生きてはいけません。
何かをしているからじゃなくて、
役に立つ、たたないのではなくて。
あなたが今そこにいること。
それが原点であり、最も大切なこと。
誰もが命がけで産んで下さった尊い一人です。

わたしは人間よ、猫じゃない

朝、7時30分、やさしい太陽の光が、ホームにさし、さわやかな「おはよう」の声が行き交う。朝食の準備万全。

入所早々の認知症（当時は『痴呆』と言われた）の智子さん（72歳）、「こんなお皿に御飯を入れないで‼　私は人間よ。猫じゃない。茶碗に入れなさい」と突然の叫び。

水が不足した時から、洗いやすいプラスチックの大皿1枚に全部入れてある。

「朝早くから、智子さんのために出て来て食事を作ってくださる方がいるから食べられる。こんな有難いことなのに、罰があたりますよ」と言うと、

「私は罰があたったから、ここに入れられたの、家に居たかったのに」と涙。

もう何も言えない。ただ、ただ、背中をさするのみ。それを聞いたミチさん（81歳）も涙で食事が進まない。そっと側に寄り、「ゴメンネ、ゴメンネ」とつぶやく私。私の目はすっかり潤んでいる。

落ちついた智子さんに、茶碗に入れ直して、召し上がっていただく。

智子さんよかったね、よかったね、自分の意思を伝えられて。自分で食事を摂ることも出来ない方もいるのに……。

こんな普通のことすらとても感謝できる人間に育ててくださった御老人に感謝で一杯。感謝、感謝。

やさしさの原点

ドタバタ、ドタバタ、認知症の芳子さん（82歳）、居室と廊下を足早に行ったり、来たり、もう3回も。

「芳子さん、どうしたの？」と聞くと、

「私の洗濯物がなくなっているの」

「では、この仕事が終わったら、探しますから少し待っていてください」と私。

数分後、芳子さんの居室へ行くと、「何だったか、忘れた」とのこと。

やれやれ一安心。同室には正子さん（78歳）がいる。

芳子さん、突然ウォーと泣きながら叫ぶ。

「私の頭がおかしいから『バカだ』、『役立たず』と、いつも正子さんに言われる。ついカーッとして、大ゲンカをしてしまう。若い頃、いつも人とケンカをしてはいけないと母に言われてきたのに、この年になっても取っ組みあいの大ゲンカをしてしまう。そんな自分が情けない……」と涙、涙。

私はしっかり抱きしめて言う。

「芳子さんには、冬の寒いお湯の出ない日に、水でコップを洗ってくださるやさしさがあるじゃないですか。とてもやさしい方ですから、そんなふうに思わないで」

入浴日でも尿失禁が多く、自分のことが満足にできなくても、やさしさをいつも心に持っている芳子さん。

人間のやさしさの原点を、人間の持つすばらしい愛を教えてくださり、感謝できる人間に育ててくださった御老人に感謝で一杯。感謝、感謝。

感謝できる人間に

朝、9時20分、朝礼も終わり、「よーし今日も頑張るぞー」

「柴田さーん」おそうじのおばさんに呼ばれる。

「大変、ウンコだらけよ」

走っていくと、居室のベッドをトイレと思い込んだ認知症の恵子さん（81歳）が、そこにいらした。手はウンコでドロドロ。

「まず、手を洗いましょうね」と洗面にお連れする。

「私、石けんで洗ったよ」。恵子さんにとって、ウンコは石けんだったのだ。

「では、この石けん、水で流しましょう」。やっとの思いで手についたウンコのみ、クリーンに。

よーし、次はパンツとズボン、おしりと足だ。そして便所と化したベッド。グーッとやる気のでる私であった。

同室の信子さん。「臭い、臭い」を連発。

「ごめんね。悪気じゃないのよ。恵子さんちょっと、わからなくなっただけ。すぐ片付けるから、ごめんね、ごめんなさいね、信子さん」

良かったですね。なかなか便が出なくて、お薬を使う御老人の多い中、自然にこんなに、良便が出たんだもの。良かったですね。便が自然に出る。

こんな普通のことすら、とても感謝できる人間に育っててくださった御老人に感謝で一杯。こんな大きな教えをくださった御老人に感謝。感謝。

足るを知る

7月3日（月）。

「♪ここはお国の何百里、離れて遠き♪……」

今日も陽気な正男さん（87歳）の歌声が聞こえる。

「ベランダにいらしたのね」

「ここは最高。陽当たりがよくて、やさしい寮母さんがいて」

「ありがとうございます」と私。

「ここは食べ物の心配、寝る所の心配しないでよくて、いい所だね。戦争から帰って全国まわったよ。いわゆるルンペンさ。今は、いい時代だよね。戦争はないし、食べ物はあるし……」

満面の笑みをたたえて、幸せを表現なさる正男さん。

ダンボールの家に住み、毎日食べ物を探した日々。無欲な正男さんは今、ホームの生活が天国だと言われる。

大きなスイカをみんなに大盤振舞《おおばんぶるまい》で上機嫌の正男さん。

正男さんと話すたびに、満足を知ることの大切さを教えていただく。足る事を知らない我が身を反省させ、真の心の豊かさを教えてくださった御老人に感謝、感謝。

一生懸命働いてきたのに

「柴田さーん」。朝礼がすんだ私を呼ぶのは、全盲の守さん（86歳）。足元もおぼつかず両手を引いて歩いていただくか、車イス併用の不自由な生活。まして両眼は老いてから失明。

「見えなくてつらい」が口ぐせの守さん、「娘に電話をして！」とのこと。そういえばお正月すら面会がなかったなと思いながら両手を引いて、またきっと電話を切られるのに……。いや切らないでくださいね、と祈りながら公衆電話にお連れする。

「ではお父様にかわります」と受話器を守さんに渡す。

「柴田さん切れているよ」

二言、三言話された後、受話器のむこうは、やっぱりピーッという冷たい金属音。

「どうしてこんなにも冷たいのかね。子供達の為に一生懸命働いてきたのに」と涙、涙。

背中をさすりながら「毎週のように来てくださる教え子の方がいらっしゃるじゃないですか。きっとそのうち、娘さんもわかる日がきますすよ」となだめる。

帰宅の車中、私は大粒の涙とともに、心から守さんの愛が家族に届くことを祈った。
愛する家族の大切さを、身をもって教えてくださった御老人に感謝！　感謝。

神様からの贈り物

和子さん（79歳）の居室のゴミ箱。「周辺が水浸し！」という声に、飛んでいく。まさに今、用を足したという満足顔で和子さんが笑顔でニコニコ。一足遅かったようである。

その昔、腰を曲げて、お尻を上げて用を足されていたのか、和子さんは小さなゴミ箱の中に上手に入っている。

ゴミ箱を洗い、雑巾で周りを手早く拭いて、洗い場に行くと、おそうじのおばさんの困惑顔。

「見て下さい。掃除用具入れの小さな凹みに、ウンコの山よ」

「すぐ片付けますから、すみません」とあやまりながら、まるでマンガのアラレちゃんのように、きれいにまいたウンコの山をとり、洗って片付ける。

「また和子さんでしょう」とおばさん。

「今日は、これで二度目。でも、あのニコニコと天使のような笑顔の和子さんが愛らしく、片付けさせていただくことがうれしいですね。毎日、今日はどこにあるのか探すのが楽しみです」と私は笑う。

ひんぱんに、面会に来てくださる娘さんのこともわからず、ただただ笑顔の和子さん。自分の名前も言葉すらもわからない和子さん。でも和子さんには、神様からの贈り物、一番大切な笑顔がある。良かったですね。

何がなくても、笑顔があれば越えられるという大切なことを教えてくださった御老人に感謝で一杯！　感謝、感謝。

一輪の花に愛

「先生、お食事はどこに行けばいいの？」

（ホームでは、入所者が何かを聞く時、だれからも「先生」と呼ばれる）

もう何年も毎日毎日、毎食毎食、不安そうに聞かれる。

「今一緒に行きますからお待ちくださいね」と言うと、またまた、同じ答えが返ってきた。

「ごめんなさいね。私、年を取りすぎたみたいで迷惑ばかりかけて」

とても謙虚で上品な愛子さん（87歳）

「愛子さん、また、口の中にティッシュがあるみたいよ」と、おそうじのおばさんに呼ばれる。

走っていくと、愛子さんはやっぱり口をモグモグ。

「仏様からのお下がりをいただいたの、おいしい」とうれしそう。

「もう食べかすだから出しましょう」と口の中に手を入れる。ティッシュペーパーがよく嚙み砕かれ、歯の上、舌の下にもたくさん。

「ありがとう、やさしいのね」と笑顔。

苑庭の小さな花を見て「きれいに咲いてくれてありがとう」と、花と語らい愛でられる。

そんな愛子さんの姿を見る毎に、私の心は浄化され、何とも豊かに広がっていく思いである。

一輪の花にも無限の愛をささげる心の豊かさを教えてくださった御老人に感謝、感謝。

有難い、有難い

「トイレに行きたいんだけどね」と車イスの好子さん（99歳）。

車イスを押し、トイレにかけていただく。その間ずっと「有難い、有難い」を連発。

「こんなに良くしていただいて、貴女に何でもあげたい、でも今私、何もないの。お金も物も、すみませんね」

「有難いの一言で十分です。その一言でとても大きな幸せを頂けるのですから」と私。

「人の役に立ち、人に喜ばれる人生を送りたいと思ってたのに、迷惑かけるばかり、長生きしすぎたようね。お世話かけるだけですみませんね」と続く。

「好子さんがいらっしゃるから、お世話ができる。皆さんが元気で一人で何でも出来たら私、仕事なくなり困ります」と言うと、またまた、

「有難い、有難い」を連発。

長い人生、すばらしいテーマをいつも心に歩んでこられた好子さんに感動。

ありがとうの言葉が幸せを運んでくれることを教えてくださった御老人に感謝で一杯。感

謝、感謝。

やさしさが全てを救う

お昼の食事時、「清さん、どこ?」

清さん(92歳)を探しに、トイレに入る。

「良かった。来てくれて。どうすればいいんだろうね」と、すっかり困りはてた清さんがそこにいた。ズボンもパンツも、その両手、両足共、便だらけ。

車イスから、便器に座りそこね、床に尻もち状態のまま便失禁。立ちあがることもナースコールで呼ぶことも出来ず涙顔。

「大丈夫、お食事の前にすっきりして良かったですね」と片付ける。

その間中、「ありがとう」と固い表情のお顔から涙が光る。

その昔、鬼刑事と呼ばれた清さん。そういえば入所の日、車イスで大暴れ。他の人にぶつかられるので、その車イスを片付けた。すると、四つん這いで這い回られる。そのお姿に、私は止めようのない涙を流した日を思い出す。

なごみの里にて

今はすっかり施設の生活にも慣れ、キラキラ輝く限りないやさしさを下さる清さん。やさしさがすべてを救うことを教えてくださった御老人に感謝、感謝。

この手をさわってごらん

今日は、入浴日。「今日も頼むね」とやさしい笑顔で明さん（87歳）。ポマードをたくさんつけていらっしゃる頭をシャンプーで丹念に洗う。そして身体を……。

「この手をさわってごらん」と明さん。

明さんは戦争で半分ほどになった右手の先をピクピクとされる。

「赤ちゃんの肌のようね」

「手榴弾を戦友から受けとった時、手に持ったとたん爆発。手も飛んでいったよ。胸にある傷跡も、その時のものだよ。でも戦友がそのまま持っていたらと思うと……。きっと命を落としていた。自分の手をなくしただけですんで良かったよ」

右手のない腕をさすりながら「可愛いもんさ」と明さん。

戦後50年、どれほど苦しいことがあっただろう。でも一言も愚痴らず、ただただ、感謝の日々を送られる明さんに頭が下がる。

車イスを上手に使い、リハビリに熱意を持って励まれるその姿に、私自身どれほど励まされることか。手のない小さな腕を大切そうに愛しまれる御老人に感謝、感謝。

2

全てありのままで

何かを選ばない。
何かを見捨てない。
何かを嫌わない。
誰かを選ばない。
誰かを見捨てない。
誰かを嫌わない。
そしてあなた自身も嫌わないで下さい。
全て、ありのままで。

ピカピカ掃除は心磨き

「トイレ掃除用の洗剤、買って来てくださらない」と、ふくよかな幸子さん（78歳）。

「どうしたのですか」と私（トイレ掃除は、寮母の仕事）。

「最近トイレを磨くのが好きでね」

なるほど、そういえば幸子さんの居室の前のトイレだけいつもピカピカなのは、そういうことだったのかと納得。

「トイレの汚れがピカピカになると、私の心の汚れも落ちてとても清らかになっていくようでとてもうれしい。身体も有難いことに動くし、便所掃除は私の楽しみなの。あなた達は、いいお仕事してるわね」と続く。

つえ歩行でやっと移動ができるくらいなのに、便所の掃除を感謝の中でなさる幸子さんに、掃除の真の意味を教えていただいた。

短歌の好きな幸子さんは、その美しく磨かれた感性で、次の歌を春雷の日に詠んでくださった。

春雷のとどろき渡り　いかづくも
光りて春近きらし　暁闇の空

〝便所掃除は心磨き〟と身を以って教えてくださった幸子さんに心から感謝、感謝。

母に抱かれたときのように

「♪きさまと俺とは、同期の桜♪」

歌の大好きな道雄さん（84歳）。今日は、朝から御機嫌が良い様子。

トイレに誘導するのが難しい道雄さん。

今のうちとばかり「♪ヨイヨイ　ヨイヨイおしっこ行きましょう♪」と、ゆったり、ゆったり両手を引きながらお連れする。時には、車イスの自家用車で「♪運転手は僕だ、お客は君だ♪」と歌いながらの時も。

紙オムツ、パンツもグッショリ。でも道雄さんは「もったいない、まだいいよ」

「はい」と答えながら蒸しタオルで拭き、新しいオムツを当てる。そこにいらした息子さん。

「この方はどなたですか?」と道雄さんに聞くと、「お父さんかな、面倒見てもらっているからね」と続く。

大好きなおまんじゅうを2つ手渡されるや、その1つを「ハイ」と私に下さる。

「ありがとうございます」と答え、隣にお座りの明夫さん(85歳)に渡す。

言葉は少ないが、その天使のような無邪気な笑顔は周りの者を愛の光の中に包み込む。ただそこにいらっしゃるだけで、なんとなく心安まり、心洗われる思いをさせていただく。

幼い日、母に抱かれた時のような、慈愛にあふれた眼差しで、限りない愛の光が広がっていくのを感じさせてくださる御老人に感謝、感謝。

今が大切

今日はお花見。車イスを3台、歩きの方3人、寮母3人、車をよけながら近くの小学校の庭まで、お花見に出かける。

桜は満開、空は青天、天使のような小学生の子供たちが遊んでいる。

「可愛いね」「子供達を見てると心が華やぐね」と口々に話される。

今、みなさんの心に花が咲く。おまんじゅうを食べ、お茶を飲む。

「来年も来ましょうね」と言うと、「来年も来れるといいね」と何となく気のない返事。

「今、きれいでよかった」

そうなのだ、高齢で障がいを持って生きていらっしゃる皆様にとって、限りある時間の中で、この今がいかに大切なのか。そう気づかせていただいた私に、

「今が大切よ」と車イスの美子さん（86歳）の一言。たった2時間の短いお花見だったけれど、私が教えていただいたことは大きく、重い。

きらきらと光る時の流れを大切に生きていけよと応援し、生きていくことの真理を教えて

くださった御老人に感謝、感謝。

厳しい真実の愛

「すいません。疲れたからベッドに上げて下さい」

車イスの秋さん(86歳)からナースコール。

「ごめんなさいね。重くて！　百姓の出で、嫁ぎ先も百姓。こうなるまで、ずっと畑仕事ばっかりでね」

腰から下のどっしりしたその身体は、土の上にどっしりと根を下ろした秋さんの生活を物語っている。

そこにお子さん達の面会。

「あなたたちは、何も出来ないんだから、寮母さんによく御礼言いなさいよ」

挨拶がわりに大声で叱責の言葉が飛ぶ。

「いつもありがとうございます。母はいつも叱るばかりですよ」と御長男。叱られるからと面会の足が遠のくことのないお子さん達に、頭が下がる。

お子さん達の前では、寮母のことを最高に賛美し、寮母の前では、お子さん達への限りない感謝を話される。

土とともに歩まれた長き人生は、飾りのない本物だったのであろう。その深い愛を感じるたびに、秋さんの身体の重みも軽くなる思いである。

母親の厳しい真実の愛を教えてくださった御老人に感謝、感謝。

朝起きて、手が動く、足で立てる

「夏さん（73歳）おはようございます」

朝日の差し込むさわやかな居室。空ろな様子でやっと目が開く。

「今日もいい天気です。さあ、お食事行きましょう。柴田ですよ」

「シ・バ・タ・さ・ん」

弱々しい声は、注意して口の形を見ないと聞きとれない。そしてよくそのお顔を見ると、かすかに口元がほころぶ。全身麻痺したお身体を抱きかかえ、車イスに移っていただく。顔を拭き、さあお食事。

「おいしいですか」、流動食をスプーンで口に入れて差し上げる。

口元がほころび喜びを表される。たとえ口で語れなくとも、夏さんの側にいさせていただくだけで、心安らぐ時の流れを感じる。

朝起きて、手が動く、足で立てる。今までそれが当たり前と思い上がっていた私を、無言で我が身を以って悟してくださった夏さん。

夏さんとの御縁をいただいた日より、私は毎朝、我が手に、我が足に、限りない愛しさを感じ、この肉体に心から感謝をしている。そして今日一日この手を、この足を有難く使わせていただきますと祈る。

真の感謝の意味を教えてくださった御老人に感謝、感謝。

さりげない思いやり

「やあ、おばさん来てたのか」

（ムム、私はおばさんじゃないぞ！）

相変わらず口の悪い徳さん（79歳）。仕事中に高い足場から転落、重い障害を受け、病院を転々とされた後、このホームに入られた。口の悪さは天下一品、でもその日はやさしい。

私がまだ新人寮母だったある日。おむつ交換のチェックを上司から受けたその日のこと。

徳さんの交換に取りかかる。

「もっと身体を横にして！　痛いぞ！　何回したらわかるんだ」と、いつものように文句の連呼。ところが急に、

「うまくなったね、たいしたもんだ。何回もしていないのに、うまいもんだよ」と賞賛の言葉。

なんだか、おかしいと思うと、カーテンがかすかに揺れる。私からは見えなかったのだが、徳さんには、私の上司の顔が見えたのだ。

私は思わず胸に熱い思いが広がり、涙が頰を伝った。さりげなく人間の真のやさしさを教えてくださった徳さん。

今も徳さんの顔を見るたびに、心温まる私である。人の心の奥に光る、やさしい愛を教えてくださった御老人に感謝、感謝。

縁のある方々への愛

「すみません、気がつかなくて」

朝食を終えて、車イスからベッドに移っていただく。おむつを見ると大量の便。さぞかし気持ち悪かったであろうに……。

「いいえ、大丈夫。ありがとう」といつも変わらないやさしい笑顔のふみさん（78歳）。

今日は、ボランティアさんによる太鼓の演奏会のある日。手早くおむつ交換し「さあ、行きましょう」と車イスを押す。

壮烈な太鼓の音は、心に響く。感動で胸が熱くなる。ふとふみさんを見ると、頬を大粒の涙が流れている。

太鼓の響きは、ふみさんの心の美しさにふれ、涙になったのであろう。お嫁に行った娘さん達が来られると、「早く、帰りなさい」と口癖のように言われる。

「やさしい子です。私がこういう身体になったから、心配ばかりかけて」

「娘が私のことを思ってくれる分、お姑さんのことを思ってくれるとうれしい」と、御縁ある方々に限りないやさしさを、愛を示されるふみさん。

不自由な我が身への思いより、他の人への思いの方がいつも大きい。御縁のある方々への愛を教えてくださった御老人に感謝、感謝。

温かいなまざし

「ベッドの中に、またおむつが入っているよ。全くいやになってしまう。もっとよく見ててよ」と、右麻痺で車イスの雪江さん（78歳）。

同室で認知症の進んだシズさん（84歳）は、どんなにお話ししても、雪江さんのベッドを自分のものと思いこんで、ベッドの中に大切な自分の汚れたおむつをしまい込まれる。

（シズさんにとっては、どうもおむつは宝物のようだ）

「またですか、すみません」と片付けるが、おむつはぐっしょりと濡れている。もっと気をつけなくてはと思う。そんなある日の夕方、

「バシーン」とすごい音。

「ウォーン」という泣き声。

便のついたおむつをベッド上で発見した雪江さんは、思わずシズさんの頬に平手打ち。驚いた私はすぐ片付けるが、言葉が出ない。

シズさんの頬は、みるみるはれていく。雪江さんの怒りも最高。その場を何とか収めて退室。しばらくして廊下に出られた雪江さん。

「おばあちゃんの手は温かいね」とシズさんの手をとり、「痛かったろう」とやさしい。そして後は、言葉もなく手を撫でながら、温かいまなざしを向けられる。その目は、まるで愛しい人を見るかのように慈悲にあふれている。

雪江さんの限りないやさしさを目にした時、果たして私にもこうも素直に反省が出来るだろうかと問う。

自分のベッドが汚物入れと化してもなお、やさしく出来るほど、人間の心は限りない愛と慈悲に包まれていることを教えてくださった御老人に感謝、感謝。

夫婦愛

老人ホームが夕暮れのやさしい光に包まれる頃。

今日もまた良子さん（81歳）は、落ちつきなく車イスで出口を求め、あちこちと動き回られる。

「旦那様は、ご自分で何も出来ないの。お食事の仕度をしなくては……。お願い帰してください」

入苑以来、何年も毎日、毎日繰り返される良子さんの日課である。

良子さんは23歳のとき、空軍のパイロットと結婚。立川に住み、厳格でやさしい旦那様と2人の生活を送られる。そして今、認知症の良子さんは、若き良き時代の中に住んでいらっしゃるのだ。

「ここはどこですか?」「家を空けるわけには、いかないの。皆様ありがとう。私、旦那様が心配だから帰ります」

美しい標準語で話される。

「今日は、その旦那様より御予約を受けて、お食事の支度もお部屋の準備もしています。どうか今日は、お泊りいただいて、明日お帰りください」と丁寧に答え、食堂にお連れする。夕食も終わり、就寝の支度にあわただしい中、「やっぱり帰ります。タクシー呼んでください」と一段と強い口調で言われる。

「まあまあ、お茶を召し上がって、旦那様のお話を聞かせてください」と寮母室でお話しする。

一番輝いて生きていらした頃に、今再び住んでいらっしゃる良子さんは、幸せそのものである。そしていつも変わらぬ旦那様への愛は美しい。

限りなく慈しみ、敬い尽くされる。その御心に真に大切な、夫婦愛を教えていただく。平凡な日々の積み重ねの中で小さな愛を大きく育てられ、真の愛を身を以って教えてくださった良子さんに感謝、感謝。

１０２歳の笑顔

階段を昇ると、ロビーでくつろいでいる御老人を朝の光が包む。外の冷たい風とは違って、ここには、やさしい暖かさがある。

なんとなくいつもと違う朝を感じながら朝礼。

「よりよい介護をさせていただくことを自分自身に誓います」と心新たに唱和する。さあ、いざトイレ誘導。二台の車イスを両手にトイレに着く。そこには、車イスの恵さん（１０２歳）が便器に移れないで困っていらした。

すぐに便器に移っていただくよう介助。すでにパンツの中で、排便はすっかり終わっていた。車イスを押して、何とも寒々とした広いお風呂場に行く。そこで熱いシャワーで下半身を洗わせていただく。

「すみません。寒い思いをさせてしまってごめんなさい」と詫びる私に、

「ありがとう、ありがとう」といつにも増して、シワシワのお顔一杯の笑顔が私の心をやさしくしてくれる。普通なら「いやな思いをさせて」と責められるところなのに……。

そういえば恵さんが怒ったところを見たことがない。御高齢ではあるが、歩行困難という以外、何の障害もない。背すじをちゃんと伸ばし、小柄な身体でベッドをつたいながら身の回りの片付けも自分でこなされる。

そんな恵さんを見るたびに、介護という仕事をさせていただいて良かった。この方との御縁をいただいて良かったと思う。

生きることのすばらしさを教えてくださった御老人に感謝、感謝。

3 小さなことに真心を

今日の小さな選択肢を尊重することが、
明日の尊厳ある死を支えます。
大きな成果というものは、
小さな真心の積み重ねの
先にしかないのです。

人間ってすばらしい

苑の外のカエデもすっかり紅葉を終え、真紅の葉を絨毯のように敷きつめた寒い朝。

今日は、先日喧嘩をして骨折、入院中の好子さん（82歳）を訪ねることにした。

「若い頃からとても短気な私にいつも母は、喧嘩をしてはいけないと言っていたのに、直らなくてね」と涙ながらに話された好子さんの顔を思い出す。

病室を開けると、そこには体にチューブをつけられ、機械に管理された好子さんがいらした。

御挨拶しようと近付くと、その手はしっかりとベッドに括られ、パンパンに腫れている。

好子さんの顔に、私の顔を寄せ、

「好子さん、わかりますか」と言うと、パッチリと目を開けられる。話すことは、口に固定された酸素チューブのために、むろん出来ない。

「わかったら目で合図してくださいね」

好子さんの目は、ゆっくり閉じられ、ゆっくり開いた。わかる！

「好子さん、皆応援しています。どうか頑張ってくださいね」

好子さんの目は、何度もゆっくり開き、閉じられた。その目は涙で潤み頬を流れる。でもその目は、限りなく安らかである。

その顔は、耐えがたいであろう苦しみの中にあるにもかかわらず、全てを包んで下さるほど安らかで、やさしかった。

苦しみの中にあっても、なおもこんなにも安らかでいられることを、身を以って教えてくださった好子さんに、何度も何度も「ありがとうございます」と感謝を送った。

人間ってすばらしいと、大きな感動をくださった御老人に感謝、感謝。

私の介護の原点

廊下のすみで、今日も大きなリクライニング付きの車イスは、入院中の夏さん（73歳）の帰りを待っている。

2年ほど前の今日のように寒い朝、白い息をはきながら出勤した私に、介護の原点を、そして感謝の真の意味を教えてくださった出来事があった。

私は、その日から毎朝限りない感謝の中で生まれかわったように楽しい一日を送れるようになった。

いつものように、全身麻痺して軽くなった身体を抱き上げ、ホームで一番大きくリッパな車イスにベッドから移っていただく。

「夏さん、今日も寒いけどいい天気です。柴田ですよ。お食事行きましょう」

目と目をしっかり合わせて、ゆっくり話すと、

「シ・バ・タ・さ・ん」

その口元がほほえみ、聞きとりづらいが、私の名を呼んでくださっている。

うれしい。寝返りすら打てない身体で、必死にほほえみかけてくれる夏さん。流動食すら喉を通らず、ゼリー食(すべてつぶしてゼリー状にした食事)を、ゆっくりと一口ずつスプーンで介助させていただく。

「おいしいですか」

口元がゆるみ、お顔が和らぐ夏さんのお側にいるだけで私の心が安らぐ。

朝起きて手が動く。足で立てる。

その日を境に私は、毎朝、我が手に我が足に限りない愛おしさを感じ、この肉体に心からの感謝をしている。そして今日一日、我が肉体を有難く使わせていただきますと祈る。夏さんの一日も早い退院を祈りながら……。

真の感謝の意味を教えてくださった御老人に感謝、感謝。

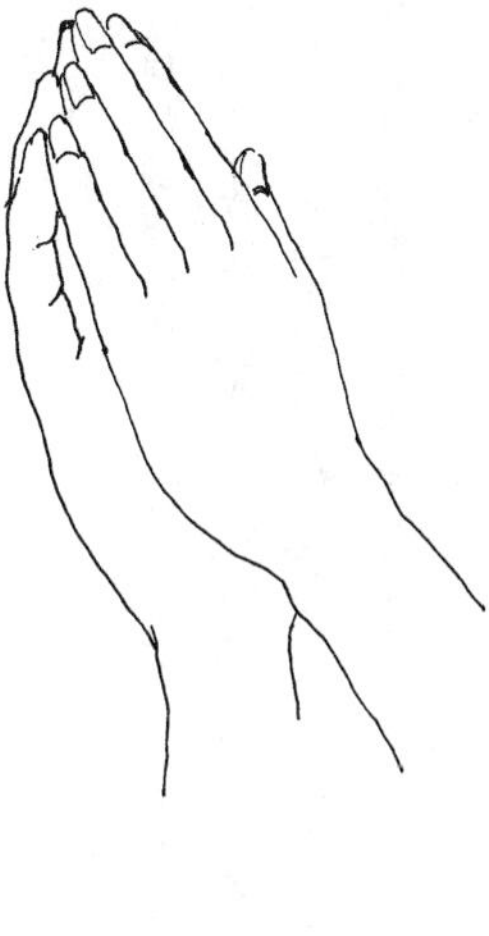

太陽さん　ありがとう

今年の冬は暖かい日が多い。大きな風呂敷包みが４つ、ベッドに並べてある。「家に帰るから、娘に電話して」と軽度の認知症のすずさん（83歳）が寮母室にバタバタと入られる。毎日、毎日、朝に夕にすずさんはその大きな風呂敷包みを持って廊下を行ったり、来たり。「今日はよく晴れているから、皆様と一緒に散歩に行きましょう」と車イス7台とともに、すずさんらの手を引いて近くの公園へ行く。

公園では、入所者の方の曾孫のような幼子が砂場で遊んでいる。外の風は冷たいが、太陽の光は暖かくやさしく御老人を迎えている。

大きな輪になって、おまんじゅうをいただく。そして歌う。

さっきまであんなに落ちつかなかったすずさん。輪の真ん中で娘時代の歌を歌われる。その顔は得意げに輝いている。

私達の笑顔もどんな言葉もすずさんの心を解かすことは出来なかったのに、この美しい空と暖かい太陽がすずさんの心をすっかり楽にする。

砂場の天使達と一緒に大きな声で大合唱。各々の御老人のお顔がとてもやさしく、穏やかになる。

その一日、すずさんは「帰ります」を口にされず、とてもやさしかった。

この大きな空とやさしい風、暖かい太陽の大切さを、身を以って教えてくださった御老人に感謝、感謝。

愛の修業

苑の庭の白梅も美しく咲いている。

今日は入浴日。普通のお風呂には入れないほど障害の重い入所者の方には、お一人ずつ機械を使って入浴介助をさせていただく。

京子さん（82歳）は今日もこの入浴を「天国、天国」と楽しく喜んでくださった。

洗濯したての衣類に手を通していただき「お疲れ様」の声を後にお部屋にお連れする。

車イスからベッドにその痩せた身体を移させていただく。

「いつまで黄金風呂に入れるかね」と京子さん。

「大丈夫、ずっとずっと」と私。

「人生は愛の修業の道と私は思う。戦争で身寄りを全部なくし、私は結婚もせず子供もいない。でもね、周りの人を十分愛してきたのにまだ終わらないのかね」と続く。

京子さんは深い信仰を持っておられる方、私は咄嗟《とっさ》に「二人で平和を祈りましょうね」と同じように手を合わせられる。

百人一首の好きな京子さんは痛みをこらえながら、百人一首のその意味を私達に教えてくださる。

長き人生を「愛の修業の道」と、周りに愛を伝えながら生きてこられた京子さんに大きな教えをいただいた。真の人生の意味を教えてくださった御老人に感謝、感謝。

「べっぴんさん、ありがとう」

ホームの庭の桜が昨年より10日も早く薄桃色の花を咲かせている。

夕食が終わると歯みがき、パジャマの着替え、ベッドへの移動でホームの忙しい一日が終わる。

泉さん（79歳）は色白で丸顔、いつもやさしい笑顔を私達に向けてくださる。泉さんの車イスをベッド横に付け、あれこれと話しながら、着替えを終え、ベッドへ移っていただく。

毛布、布団とかけて目と目を合わすと、

「べっぴんさん、ありがとう」と頬にキスをされる。いつものことだけど一日の疲れが和らぐ一瞬である。泉さんはいつも、そしてだれにでも和らかい笑顔でそう言われる。

隣のベッドのくみさん、「だれにでもこのおばあちゃんは言うんだから」と一言。

泉さんとくみさんのこの掛け合いも毎日変わらない。

御自分の心の中にいつも感謝の心を持ち続け、精一杯の御礼の言葉を伝えられる泉さんの謙虚さに頭が下がる。私も泉さんのように感謝の心をきちんとやさしい言葉で伝えよう。そう心に決めた。

なによりも大切な感謝の心と美しい言葉を教えてくださった御老人に感謝、感謝。

朝の目覚めは自然の恵み

5月の日の出は早い。

まだ静まり返っているホームのベランダのいつものいすに座って手を合わせていらっしゃる大きな陽子さん（84歳）の身体を、今、昇ったばかりの朝日が包む。

このホームに入所されて6年。陽子さんは毎朝、毎夕、この日課を欠かされたことはない。

太陽に向かって手を合わせて陽子さんが祈られるのは、自分のことではないと言われる。

歩行が不自由な陽子さんにとって、朝と夜のお祈りの一時間は特別の意味がある様子。

何度聞いてみてもすぐ豪快に笑って「あんたにはまだわからん」と言われる。

そして決まって、大きなゲンコツを振り上げられたかと思うと、私の頭に軽くコツンと当てては、その大きな身体をゆっくりとゆすられる。

そんなある日の談話の中で、陽子さんは祈りの片鱗《へんりん》を語ってくださった。

「朝目覚めるのは自然の恵み。皆んな幸せにならんと自分の幸せなんぞないよ。だから朝、夕、手を合わせ、自然への感謝と平和を祈る」

「朝は頂きもの」とどこかで聞いたことがある。こういうことだったのかと、その日から私も太陽に向かって手を合わせている。

朝の目覚めは自然の恵み。こんな大切なことをさりげなく教えてくださった御老人に感謝、感謝。

母の深い愛

紫陽花の花が雨を待つ暑い日。

実家へ帰るため3日間お休みをいただいて出勤すると、軽度の認知症の静さん（83歳）、車イスの上でにこやかに私をむかえてくださった。

「どこへ行ってたの。帰って来ないかと思った。良かった」

その小さなお顔一杯に安堵の色が広がる。

「大丈夫。必ず帰ってくるんですから。大丈夫」と小さな背中をさする。

そういえば、初めて静さんにお会いした時、母にとてもよく似た静さんを心秘かに「お母さん」と呼ばせていただいた。静さんにも私の心が通じたのか、娘と思ってくださり、いつも気にかけてくださっている。

ある日、静さんが38℃を越える高熱を出された時、お食事の介助をさせていただこうと、ベッドを起こし、食事を置く。

静さんは震える手で一口、二口と口に運ばれたかと思うと、

「あなた、まだ食べてないでしょう。もういいから、早く食べなさい」と言ってくださる。

私はその言葉に熱いものがこみあげてくるのを感じていた。

子を想う母の愛の強さを、私は静さんの言葉の中に感じて、遠くはなれた母と静さんに深く感謝した。

病の中にあってもなお愛の言葉を伝え、母親の深い愛を教えてくださった御老人に感謝、感謝。

自立の大切さ

今日は、早朝から蝉の声がうるさいほど暑い一日であった。

船乗りの旦那様に嫁いで、留守を守りながら畑仕事をし、3人の子供さんをりっぱに育て上げられた結さん（85歳）。

今は末期ガンの身体でその苦しみの中にありながら、「自分のことは自分で」という強い信念のもとに、御自分の衣類の片付けも車イスに乗りながら自分でなさる。

「手伝いましょうか」と声をかけると、いつも「痛みで心が負けないよう自分でする」ときっぱり断られる。

今日は入浴日。おむかえに行くと、とても痛む時だったらしく、顔に笑顔はない。

「今日は止めときましょうか」と言うと、「また、あんた達に迷惑かけるから行こう」と言われる。

車イスにその痩せた身体を移し、車イスを押す。

「いつまでもつかね」とポツリと言われる。ガンは全身にまわり、乳房から緑膿菌《りょくのうきん》が出るほどその病状は重い。私は思わず、その小さな肩を抱いた。

「私の分まで痛みとつらさを負ってくださっているんですね。小さい頃、母がいつも言っていました。病気や苦しみを抱えている人は、健康な人の肩がわりをしてくださっていると……。結さん、ありがとうございます……。ごめんなさい」

「やさしいんだね、いいんだよ」と、結さんは力なく笑顔を返された。

死と向い合いながらも、なお自立して生きていこうと、病院にいるよりホームの生活を選ばれた結さん。

真の自立の意味を教えていただいた結さんの心の平和を祈るとともに、自立の大切さを教えてくださった御老人に感謝、感謝。

心を洗い清める

今年の夏は暑い。散歩にご一緒できる日が少ない。それでも今日は少し薄曇りで、わずかだが秋風が吹いている。

脳卒中で片麻痺、言語障害のある義男さん（82歳）のおむつを替え、散歩準備が整った。帽子をかぶっていただき、車イスを押す。

車をよけながらいつもの道を歩く。小さな公園で木陰を見つけ麦茶を飲んでいただく。ホラとばかりに指さされる先には、小さな紫色の都忘れの花が一輪咲いていた。

「可愛いですね」と一緒に愛でる。

「だれも教えないのに、自然はその短い花の時期を知っているんですね」

そんな会話の後、いつもの道をホームへと戻る。

小さなお社の前で、麻痺の左手に右手をぴったりと寄せて合掌、頭を小さく下げられた。

そういえば数分前も同じ動作をされた。

ふと振り向くと、そこには小さなお地蔵さんが立っていらした。私は何も気づかなかったのに、義男さんはそのお地蔵様にも合掌されたのだと気がついた。

車イスをあわててもどすと、やはりその古いお地蔵様に手を合わされた。神仏の前で手を合わす。これこそ我が心を洗い清める心の原点と、以前本で読んだことを思い出す。

こういうことだったのかと痛切に思う。短い散歩であったが、義男さんに教えていただいたことは大きい。言葉ではなくその不自由な身体で、心の原点を学ばせてくださった御老人に感謝、感謝。

ボランティアはさせて頂くもの

今日は入浴日。朝からなんとなくホーム全体が慌しい。朝の掃除もそこそこに入浴準備にとりかかる。

入浴は入所者の方々にとってはこの世の天国。「極楽、極楽」と目を細め、和らいだ身体と心をそのお顔一杯に表される。そんなお顔を見せていただけるのも、この仕事をさせていただいている私の楽しみの一つ。

さあ、今日も頑張るぞと手早く準備を進めると、そこに、いつものボランティアの晴美さん（68歳）のお顔。足早に背筋を伸ばして歩きながら、入所者の方々に交ざられる。

あいさつはいつも元気がよい。だが、晴美さんの年齢はここの入所者の方々とほとんどかわらない。私達ですら重い労働をいとも容易にやってのけられる晴美さんを頼りにしてしまうほど、その存在は大きい。入浴の流れはスムーズに運び、入所者の皆様もとても頼りにされている。

仕事の後、晴美さんは言われる。

「ここに来て皆様のうれしそうなお顔をみるのがうれしい。皆様の喜びは私の喜び、ボランティアをさせていただいていつも大きな喜びをいただく。ホームに来た後は、心も身体もずっと軽くなっている自分に気づく」と。

ボランティアは自分のためにさせていただくものと、きっぱり言い切られる。

人間の愛の深さと強さを教えてくださったボランティアさんに感謝、感謝。

4

小さな幸せを数えて

世界にはたくさんの小さな幸せがあります。
生きている幸せ、
手足が自由に動く幸せ、
目が見える、耳が聞こえる幸せ。
それ以外にも、
あなたならではの小さな幸せはたくさんあります。
あなたの暮らしの中に、
宝石のように輝いて。

生きる力のもと

一週間でもっとも大変な入浴介助の日、一通の手紙を受け取った。その手紙は、研修先で御縁をいただいた真さん（74歳）からのワープロ打ちの手紙だった。

真さんは、脊髄損傷により車イスを操作できないばかりか、手指も動かせないほど重い障がいをかかえながら、懸命に生きておられる。もちろん立つことも歩くことも出来ない。

その障がいと18年間向き合いながら、

「自分のできることは自分でする。人の手の必要な所は有難く助けていただく」と、きっぱり言われる。

入院中お世話になった方々に、御礼の心を伝えたいという一心でワープロに挑戦。手を使わないで打つ方法を考えられ、頭に装具をつけて頭を動かして、ワープロを打たれるという。

ずいぶん時間と忍耐のいる作業をこの私のためにしてくださったと思うと、読み進むにつれて涙がこぼれてきた。そして、そこには真さんが装具をつけて一字一字打ってくださる姿があった。

たった一日の研修で御縁をいただいた私のために、何時間もかけてくださった真さんの真心に感動した。真さんからのお手紙は、手足が動くことへの感謝を忘れないよう、いつも持ち歩く私の宝物となった。

カラオケで歌ってくださった「四季の歌」は、真さんの心のように清らかで私の心に残っている。生きる力は感謝することから生まれる。そのことを教えてくださった御老人に感謝、感謝。

「死ぬのは恐くないね」

今年の冬は暖かい。12月というのに、ベランダに入る日差しは暑いほどである。

朝食を終えられ、会話を楽しまれている勇さん（94歳）、車イスを押しトイレ誘導。おむつをはずし便器に座っていただく。

「よかった。濡れてないです」と言う私に向かって、

「死ぬのは恐いかね」と言われる。

突然の言葉に返す言葉もない私は、返事の言葉を濁し、次の方の誘導に入る。その日から大きなテーマをいただいたと、毎日考えていた私であった。

そんな会話の数日後、勇さんのベッドのおむつ交換にまわる。

「柴田さん、死ぬのは恐くないね。このごろあの世とやらに行くんだ。そして両親と、死んだ姉さんにも会ってきたよ。みんなとても楽しそうで、とても幸せそうだったよ。今まで死ぬのは恐いと思っていたけど、もう恐いとは思わないよ。私はまだ、この世に居なさいと言われて戻って来たけどね。わかって良かったよ」

次から次からへと話されるその顔は、安らぎに満ちて明るかった。こういう話はホームではよく耳にするが、人は天寿を全うされた時、帰るべき世界をみることが出来るのではないかと、私は痛切に思った。

それから数日後、勇さんはその言葉の通り天国へと旅立たれた。だれの手も煩わすことなく、その身を以って「死は苦でない」と教えてくださった。勇さんのお顔は安らぎとほほえみに包まれていた。

こんな大きな教えをくださった御老人に感謝、感謝。

観音様のような笑顔

夜勤明けの朝、遅い朝日は空を赤く燃やす。離床、更衣、朝食の準備とあわただしい。恵さん（１０２歳）はゆっくりと身仕度をととのえ、ゆっくりと車イスでロビーへと来られる。やっぱり今日もニコニコと笑顔。

「長生きの秘訣は」と聞くと、「生きようと思うこと」といつも答えられる。

戦争を体験し、どれほど多くの困難を越えてこられたことか。一つひとつ困難を越えられるたびに恵さんの御心が広く深いものになっていったのか。

その笑顔はどんな時も変わらない。今日もベッド柵についた尿器を洗おうと持つと、「有難い、有難い」と声をかけられる。

私達の一つひとつの行為を必ず満面の笑顔で、「有難い、有難い」とくりかえされる。まるでいつも神様と一緒にいらっしゃるかのように安らかな恵さんの言葉は、夜勤で疲れた私の心を癒す。

一言の不満も愚痴も言われない。その観音様のような笑顔には１０２年のよき学びが刻まれている。

真の笑顔と感謝の意味を学ばせてくださった御老人に感謝、感謝。

奇跡の連続

「おはようございます」「おはよう」「おはようございます」

老人ホームの朝は早い。

昨夜10時すぎ、久子さん(92歳)が突然の嘔吐。全身のひどい震え、意識は混濁、その目は宙を見つめ、誰もいないはずのベッドサイドに向かって意味不明のことを話される。すぐ病院にお連れする。点滴3時間。居室に戻られた久子さんは、やはり目はカーッと見開き宙を見つめ、見えない相手と話される。

ベッドのわきに座り、手をしっかり握ってお声がけすること5時間。見えない相手と話されるその間、何度となく私の声に気づかれる。

「いいえ、違うんです」と、何度もこの言葉をくり返される。居室の窓がうっすらと明るくなった頃、私の心もその分だけ軽くなる。

「あー、やっと朝が来た」

ホールに戻ると、今日もやはり「先生、どこへ行けばいいの」と私の行く所、行く所、ついて回られる好子さんの不安気な顔。いつもと同じ朝の場面が流れていく。

私達にとって、まして御老人達にとって、明日が確かに訪れるとは言えない中で、暗い夜の次に来た朝にどれほど安堵することか。

変わらない朝に喜びを込めて交される「おはよう」の言葉を、今日ほど感動して聞いたことはない。

人間こうして生かされているのは奇跡の連続とか。久子さんの長い夜の後に来た朝、「久子さん、ありがとうございます。そして良かったですね」

「おはよう」の深い真の意味を教えてくださった御老人に感謝、感謝。

今日も生かされている

車窓はずーっと日本海の青い海。今、私は、25歳で帰天した姪の葬儀のため、ふる里に向かっている。

姪の旅立ちの前日、彼女に呼ばれたような気がした。「明日、会いに行こう」と決めて夜勤に就いていた。その夜半過ぎに電話があり、「久美子、祈ってくれ」と実兄の悲痛な声……。

実兄は、生きる力を失ってはいけないと、白血病という病名を告知していなかったが、姪はわかっていた。

長い入院生活の間、時々見舞う私に、姪はよく禅問答のような問いを次々と投げかけてきた。

「病とは?」、「神仏の贈りもの」。

「死とは?」、「この世の修行の終わり」。

「親子とは?」、「ともにこの世を歩く人」。

「生きるってどういうこと？　命とは?」。

長い時間、私は海を見つめ、姪との会話を思い出しながら涙した。

その時ふと、私の脳裡に鮮明に甦ってきたのは、寝返りすら打てない身体で必死にほほえみかけてくる夏さん（73歳）の笑顔だった。

「生きる」とは、感謝すること。感謝するとは、まず自分自身に、この肉体に有り難いと祈ること。夏さんのやさしい顔はそう私に教えてくださる。

朝、あー、今日も生かされている。そして、手が動く、足で立てる。毎朝、我が手に我が足に限りない愛しさを感じ、若くして帰天した姪の分まで、この身体に心から有り難く使わせていただきますと祈る。

真の生きる意味と命の尊さを教えてくださった御老人と姪に感謝、感謝。

74歳のウェディング

「澄子さんの夢は何ですか？」

重度の精神障害で自らの発語のない生活が6年も続いている澄子さん（74歳）。わずかに語られる会話の中で問うと、何と未婚の澄子さんの夢は花嫁さん。

「歌を歌いましょう」とおさそいすると、いつも、いつも、いつ終わるとも知れない繰り返し。

「きんらんどんすの帯しめながら～　花嫁ごりょうはなぜなくのだろう～」

この歌は澄子さんの夢だったのです。

夜勤の夜、コッソリと私のウェディングドレスを持ち込み、同僚と2人で澄子さんに着ていただく。その色白で鼻高のお顔は、口紅を差しただけなのに白く輝き、その頬は紅く燃えうっとりするほど美しかった。

澄子さんは更衣室から運んだ大きな鏡を前に、鏡の中の自分と話されたかと思うと、頬には大粒の涙が流れた。

その涙を目にした私も、そして同僚も言葉に出来ないほど大きな感動をいただいた。この場面に居させていただいたことにも感謝した。

御自分を表現することなく、笑顔を忘れて暮らされている日常からは想像できないほど、そのお顔は柔和でおきれいだった。

カメラで何枚か写真をとらせていただき、早々に次の仕事に行くために、ドレスを脱いでいただきたいのだが、笑みをうかべて鏡を見つめ涙されるそのお姿に、声をかけることのできない私であった。

今、小さなフォトスタンドのお写真は「幸せさん」と呼んで、私と澄子さんの宝物となった。

真心を持って行動することが感動を連れてくることを教えてくださった御老人に感謝、感謝。

奇跡を呼ぶ努力

慌ただしく、朝の掃除を終え、事務所にもどろうとする私を呼ぶ、元・鬼刑事の登さん(73歳)の大声。

「柴田さん、立ったよ。立ったよ」と、いつもと違うかなり興奮気味の登さん。

私の手を取ると、麻痺のある右足をもどかしそうに急がれ、健康管理室のベッドに横になられる。

何が始まるのかと、看護婦とともにじっと見つめる。

すると、何と登さんの麻痺側の右手が、ベッドの上でゆっくりと立っていく。

「ほうら、立ったろう。16年ぶりだよ、こうして手を自分で立たせられるのは。頑張ったろう」

そこまで言われると、登さんの目はみるみる潤み言葉が続かない。思わず私の胸にも熱いものが込み上げる。

毎日、毎日、麻痺側の指をしっかりとタオルで固定し、リハビリ用の道具を使って上下させること300回。16年間の努力の末に、今、麻痺の手が立ったのだ。

そこには、健常な私には想像できないほどの忍耐と努力があったに違いない。そう思うと、私はこの自分の手に、足に、どれほど感謝しても足りない。

そして、いつも登さんの姿を見るたびに、「頑張れよ」と励まされる。努力こそが奇跡を起こすことを、身を以って教えてくださった御老人に感謝、感謝。

初対面の天使

お昼の休憩が終わって、事務所にいる私のもとに、けたたましいナースコールの音。ショートステイ（短期入所）の裕子さん（93歳）の居室からだった。

本日入所されたばかりの裕子さんとは、この時が初対面。走っていくとそこには裕子さんの急変したお姿。

私はしっかりとこの腕に裕子さんを抱き、輸送用ベッドに寝かせた。看護師による人工呼吸の間、私は必死で手を握り裕子さんを呼ぶ。すぐに救急車、医師到着。

その場で続いて人工呼吸を30分、しっかり裕子さんの手を握る。だが、裕子さんは昇天された。

私は看護師と2人、裕子さんの旅路の身仕度をさせていただく。

裕子さんはいつも「迷惑をかけないよう行きたいね」と言われていたと、後で聞いた。神様はやさしい裕子さんの思われる通りの旅立ちをさせてくださったのである。

私は帰宅する途中、「神様ありがとうございました。裕子さんありがとうございました」と唱えていた。

そして、こんな大切な場面に居させてくださった裕子さんに心から感謝し、今まで御縁をいただいた全ての方に御礼を伝えなくてはと思う素直な心になっていた。

「死にゆく人は死を戒め告げる天使である」という言葉を思い出す。

こんなにも大きな学びを、我が身を以って教えてくださった御老人に感謝、合掌。

「切ないね」の一言に

今、私は人口８００人にも満たない一島一村の離島にて、介護の仕事をさせていただいています。

私はかねてより高齢化率の高い過疎地で働きたいと願っておりました。福岡では介護職においても人が余り、若い方すら職につくのが困難なのに、この島（知夫里島）では2年以上も募集をかけても人が来なかったという。

この島への縁を結んでくれたのは、この「介護日記」でした（数年前からミニコミ誌に連載されていた）。

福岡より深夜バスに乗り、一日一便のフェリーに揺られて2時間半、初めてこの村を訪ね、会長さんとお会いしたのは4月中旬でした。

会長さんは「この村のために長く働いた方々が、最後まで安心して暮らせるような体制ができればと努力しています。最後になってこの島を離れなければならなくなるなんて、切ないね」と言われました。

これから介護させていただく方々と同年代の会長さんの「切ないね」の一言は、私にはとても重く、胸の熱くなる思いでした。

そしてこの一言「切ないね」が、私の島行きを決意させました。

1998年4月23日。私は、姫ひまわり、浜昼顔、浜エンドウの花の咲く島に、ホームヘルパー兼寮母としてやって来ました。今、島の在宅介護事業と20名の施設入所の方々の世話をさせていただいております。

「切ないね」という一言と、このすばらしい機会を与えてくださった「介護日記」の読者の方々に感謝、感謝。

親子の絆

島は今日も涼しい風が吹き、鳥達が歌っている。

里さん（93歳）が口から食物を摂れなくなって今日で４日目。

里さんの介護に当たられるのは息子さん（58歳）ただ一人。慣れない介護と、死と向き合う母を受け入れることへの息子さんの不安と孤独は、どれほど大きいものか。毎日訪問するたびに、ただ祈るしかない私であった。

里さんの折れそうな細い足、くぼんだ腹部。

「ごめんなさいね」と声をかけながら、おむつ交換。すると弱々しい声で里さんは「病院はいやだ。点滴はいやだ」と繰り返される。

里さんはここ数年入退院の繰り返しで、今日も退院して2週間目。昨日、医者から「入院させますか」と問われた時、無言だった息子さん。しかし今日は、「もう病院へはやらん。ずっとここにおる」と強い決意を込めて言われた。

里さんの手を握り「良かったね、良かったね」と声をかける。安心したように寝込まれた里さん。息子さんと私は、里さんの人生の宿題が終わるよう、私達に出来ることをさせていただけたらと話した。

人はその最期の時、今までの人生で許せなかった人、心に受け入れなかったこと、全てを受け入れ、許し（＝仏）のもとに帰ると言われる。里さんのその時にあって何が出来るかをお話しした。

戸外に出ると、そこには牛の親子が草を食む姿があった。

やせた母をその腕に抱きかかえられる息子さんの姿に感動。そして親子の絆を教えてくださった御老人に感謝、感謝。

5

「ありがとう」の言葉にリボンをかけて

「ありがとう」の言葉を、
たくさんたくさん使って下さい。
自分の身体、心に、魂に届くほどに、
ありがとうの言葉にリボンをかけて大事な方に、
贈りましょう。
感謝で心を満たす時、心の中に幸せが満ちてきます。

愛の力

里さん（93歳）が点滴を拒否し、口から固形物を摂れなくなって今日で10日目。里さんの介護をたった一人で引き受け、死と向き合う母を正面から受けとめられている息子さん（58歳）。

里さんのただ一つの願いは、遠くはなれてずっと会っていない娘さんに会いたいとのこと。息子さんから毎日のように娘さんに連絡していただき、やっと今日、娘さんが島に戻られる。

「母の願いを叶えると、母はそれで……」と息子さんが不安そうに言われたので、「娘さんへの思いが生きる力に変わります。大丈夫」と返事をしたのを思い出す。

娘さんとの涙の再会。そして次の日の里さんは、まるで仏様のように柔和な顔に変わられた。親族の方々は「このまま仏様の元に旅立つのですね」と言われる。そして2日間、里さんは食事もほとんど摂らないまま、里さんの顔はさらにやさしくなっていかれた。

だが3日目、里さんは驚くほど元気をとり戻され、今まで口にされなかったジューサー食が食べられるようになった。そして日に日にその量は増し、その10日後、娘さんは安心して島を後にされた。

　里さんはその身を以って私に、愛を生きる力に変えてみせてくださった。医学を超える愛の力を教えてくださった御老人に感謝、感謝。

１０４歳の目標

村で最年長、寝たきりの１０４歳、タルさんの目標は「自分の足でもう一度歩くこと」。障がい者であるお孫さんが唯一の介護者である。

今日も私はお二人のもとに通う。いつものように全身を温かいタオルで拭く。数日前リハビリの先生から、歩けるようになるには、まずベッド上に座ること、との指示をいただく。ベッド上で、ベッド柵を持っていただくこと10分。

「昨日は5分だったのに今日は倍に。すごいですね」と言うと、

「いいや、まだ大丈夫」とベッド柵を持つ手に力が入る。

「もう一回この足で歩きたいから」と続く。

「無理しないでくださいい」と背中を支えようとする私に、１０４歳とは思えないほど強い口調で、「一人で大丈夫」と背を伸ばされる。

タルさんの熱意に思わず〝ハッ〟とする私に、「ありがとう」とタルさんのお顔が急に和らぐ。一人で座られること15分、車イスに移してもらおうと私に向けて合掌される。

「目標が出来てうれしい。また歩けるような気がするよ。ありがとう」と続く。障がいを持ちながら、いつも明るく介護されているお孫さん、熱意を持って努力される104歳のタルさん。お二人を見ているといつも私は生きる勇気をいただく。

この訪問を終えた時、いつも私の心がとても軽く明るくなっているのを感じる。人は希望を見つめていれば、どんな時も明るく生きていけることを教えてくださる御老人に感謝、感謝。

神様とともに生きて

秋の日暮れは早い。夕食後のゆったりとした一時、喘息の吸入時間待ちの間、寝込まれては困るのでヨシさん（84歳）の手を握りお話しする。

ヨシさんは困ることがあるとすぐ「神さんにお願いします」と手を合わされる。（宗教で言うところの神様ではないが）今夜の話は神様についてだった。

「わしは神さんをたった一回だけど見たぞ。苑で昼御飯を食べようと思った時、急に光ってな。あれは神さんだった」と続く。

「私にも見えるかね」と聞くと、

「心が清くないと見えん。わしもこうなって（寝たきりの状態）やっと見えた。若い頃は信じなかったけどな。でも今は信じてるから恐いもんがないわな」

「どうしたら見える？」と問うと、「信じること」と笑顔のヨシさん。

そういえばヨシさんのお顔はまるでいつも観音様のようにやさしく、穏やかである。寝たきりで天井を見つめての暮しの中で神を信じて、心安らかに周りの者を包んでくださる。

話の最後に「こんな、ババの話を聞いてくれてありがとう」と手を合わされる。

ヨシさんの側に居るだけでとても大きな幸せをいただく。

大いなるものを信じることが大きな平安をもたらすことを教えてくださった御老人に感謝、感謝。

全ての命に感謝して

今日はチラチラと朝から雪が舞う。さすがにバイクにあたる風がとても冷たい。いつものようにコタツに入って私の来るのを待っていてくださったトメさん（99歳）。今日は、いつも玄関の外にある小さな椅子が玄関の中にある。

「雪が降ってきたので、椅子さんがかわいそうだから中に入れてあげた。朝起きると枕さんに、『今日もありがとう、今夜もよろしくお願いします』。そしてフトンさんにも同じように御礼を言って、仏様に『今日も一日お願いします』と拝むんだよ」と言われる。

「椅子さんも枕さんも名前があって命がある。あんたと同じだよ」と続く。

私はそのやさしさに感動し、じっと聞いていた。

そして芯から冷えた私の身体がとても温かく軽くなるのを感じた。

「さあ、あんたも雪がひどくならないうちに早く帰りなさい」と、今着いたばかりの私に気を使ってくださる。

全てに名前があって命があると教えてくださった御老人のやさしさに感謝、感謝。

認知症こそ神の愛

「アラエッサッサー」

かけ声も賑やかに今日も廊下で踊られる軽度認知症のヨシさん(85歳)。3年前、頼り切っていたご主人に先立たれ、まず少しずつ、単語がわからなくなっていった。

今年の夏、独居だったヨシさんを訪問すると、「大変だな、ビール飲んでけ」と決まって言ってくださる。

「ありがとう」といただくそれは、ビールでなくコーヒー。

そして「カワハギがたくさん取れたから、老人ホームのみんなにやってくれ」と差し出されるのは、りっぱな〝なすび〟。

一人暮らしの淋しさからか、隣近所を訪問されることが頻繁になり、寒さを前にホーム入所となる。

「若い頃は、村一番のお姑さんにつかえ、働きづくめ。子供達も育て上げて、これからという時にお父さん亡くして。ヨシさんもあーなって(認知症)かわいそうにな」

隣の人の話に私はただ黙って頷く。

毎日、自分の一番好きな歌と踊りを楽しみ、周りの者の心に太陽のような明るさをくださる。その可愛い童女のような笑顔に接する時、こちらの心が洗われる。

神様が生きることの重き荷を肩代わりしてくださっているかのようなヨシさんを見る時、認知症こそ神様の愛のプレゼント。そう思わせてくださる御老人に感謝、感謝。

99歳の青春

今日は、畑にうっすらとまだ雪が残っているが、それでもまだ暖かい。

独居のトメさん（99歳）の家に着くと、曲がった腰を労りながら柿の苗木を植えておられる。ちょうど今、5本の苗木がきちんと植え付けられたところだった。

私はゆっくりとトメさんの杖を持ち、トメさんの手を取って家に入る。

「わしはこの柿を食べんけど、だれかがうまいと食べてくだされば嬉しいよ」と、子供のないトメさんは言われる。

「こうして生きているのは〝神様の力〟。有り難いこと」と続く。

そしてガランとした台所に私を連れて行くと、〝青春〟と書いた詩を指さされた。その詩は、小さな食卓につくと、ちょうど目の前に見えるところに貼られていた。トメさんは、そこにチョコンと座られると、大声で読みはじめられた。

「青春とは人生の或る期間を言うのではなく心の様相を言うのだ。〜人は信念と共に若く疑惑と共に老ゆる。人は自信と共に若く恐怖と共に老ゆる。希望ある限り若く、失望と共に老い朽ちる〜」（サミュエル・ウルマン作）

トメさんは、毎日三度の食事の後に必ずこの詩を声を出して読み、この詩から生きる勇気をもらうと言われる。そして99歳にして、今がまさに〝青春〟と言われる。

読むたびに勇気をいただく〝青春〟というすばらしい歌との出会いをくださった御老人に感謝、感謝。

合掌の心

暗く寒い道を歩き、独居のチヨさん（82歳）を訪ねる。

10日ほど前より可愛いがっていた猫が戻らなくなった。その日から全てに意欲を失くし床に就かれた。

今夜はうどんと果物を持ってチヨさんのところに急ぐ。

大声でチヨさんの名を呼びながら真っ暗な玄関を開ける。

「チヨさーん、今晩は」。私の声に弱々しくも返事があると、まず胸をなでおろす。

電燈をつけ、床の中のチヨさんを抱き起す。

お昼にお届けしたおかゆと少しばかりのおかずをわずかに食べただけ。お持ちしたうどんもほんの2、3本口にされただけで、手を合わせられる。

「何かあなたにお返ししなくては」と、ガランとした部屋を見わたされる。そして今日、買ってお届けしたばかりの卵を、私に持って帰るようにと言われた。

その卵は、次の年金のおりる日までの生活費の最後の千円札で買った物、チヨさんの命の糧である。

丁寧に断ると「こんなによくしていただいて返すものもない。御恩は忘れません。救われました」と繰り返し、手を合わせられる。

その手の上に私の手をのせて包むとなんとも温かく、目を合わせるとチヨさんの目には涙が光っている。私は思わずチヨさんを抱き寄せ共に泣いた。

生きることの美しさをその涙は語っておられる。

この数日、遠く離れた息子さんに何度連絡しても取りあっていただけず、涙した私だったが、息子さんの代わりに、こんな大切な場面に立ち会わせていただけることに深く感謝した。

生死の境にありながら、限りないやさしさを示し、合掌の心と光る涙で私の心を清めてくださる。この大きな感動をくださった御老人に感謝、感謝。

凛としていさぎよく

独居のシズさん（82歳）が食事を食べられなくなって今日で10日。

今日は休日だが、朝からおかゆとポカリスエットを持ってシズさん宅へ急ぐ。

「いつもすみません」と身体を起こすことも出来ず、ただ手を合わせられる。

医者の往診を拒み続けてこられたシズさん、今日もやはりそれだけは頑として断られる。

「私のために往診を受けて下さい」とじっくり話し、やっと今日は受診していただく。

「このままでは危ない。このままだと死にますよ」と先生は本人に話されるが、「このまま、ここで」とその時ばかりは凛として応えられる。

その言葉の強さに一同驚いた。この20年一人暮らしでほとんど診察所に行くこともなく、村の人々との会話もなく暮らされたシズさんの心の強さを見る思いであった。

入浴するのも息子さんの帰村される8月のその時だけ。衣類の洗濯はまったくされず、ボロボロと衣服に穴があけば布を当てる。食事は野山の草や海藻。

「牛が食べられるものに人間が食べられないものはない」と言って山に入られる日々。

ただ、子や孫の幸せだけを一人祈って生きてこられた。シズさんの生き方にどれほど多くのことを学ばせていただいたことか。都会からこの村に来て、シズさんとの出会いによって、私の介護の原点「させていただくことに感謝する心」に、高慢さがあったと気づきをいただく。そして謙虚さへと導かれた。

シズさんの一つひとつの生き方が、私の介護の取り組みを考え直す学びとなった。そんなシズさんの命が、今危ない。

私はシズさんの手をとり抱き寄せてただ泣いた。すると、涙を流しながらあきらめの色を顔一杯に「逝くんですね」とポツリと言われた。

生と死の境にありながら人は心の強さを持っていれば、凛としていさぎよく生きられることを教えてくださった御老人に感謝、感謝。

縁ある人を愛して

今日は春風さんのいたずらで海の波が高い。私は訪問家庭の一人の高齢者の英子さん（93歳）の訃報を聞いた。

数年前、同居の長男に先立たれ、お嫁さんとの二人暮し。ここ数年、〝ひっそり〟という言葉は英子さんのためにあるのではと思うほど、まったく外出することはなく、ただただ私達ヘルパーが訪問するのを楽しみにしてくださっていた。

裏の小さな部屋で、ひたすら子孫の無事とお嫁さんの手を煩わすことのない安らかな死を祈る日々。

さすがに93歳という年齢は肉体の衰えを隠せなくなっていた。トイレに行くことがとても困難になり、紙パンツを換えるのも本人の力では限界になった。

トイレの介助をしながら「おむつを当てましょうか」と言うと、「お母さん（お嫁さん）がおむつをいやがるから」と弱々しい返事。

こんなにも縁のある方（お嫁さん）に気を使われる英子さん。

帰路、私が大粒の涙を流したのは2日前であった。その次の日、激しい嘔吐と下痢、まるで身体の中をきれいにされたかのように、それは激しかった。

そして今朝、英子さんは、娘さんが手をとって「般若心経」を唱えると、眠るように永眠されたとのこと。

葬儀の後、娘さんは「りっぱすぎる母でした」と一言言われた。

縁ある方を大切に生きること、そして死ぬことをその身を以って教えてくださった御老人に心から感謝、合掌。

愛は海のように深く

初夏の知夫村の海はやさしく穏やかである。

海とともに生きて96年。寝たきりの花子さんは、漁師の息子夫婦と三人で平穏な日々を送られている。

今日は「海が見たい」と言われる花子さんの車イスを押して坂を下ること15分、海を見に行く。車イスを止め、太陽の光の中でゆっくりと海を見る。

「早く死なないとな。生きていれば栄子（嫁の名）が苦労する。栄子は神様だ。いつもとてもよくしてくれる。だから御飯は一日2回、まあ食わんでもいいが、栄子が心配するから。腹一杯食わんで、少しだけ少しだけと自分に言いつつ、いつも我慢する。早く死にたいからな」と言われる。

そういえば、ホームでのショートステイの間、花子さんの食事量が極端に少なく驚いたことを思い出す。そんな花子さんの言葉はやさしい海に消えていく。

花子さんのお顔は、この海のように全てを受け入れられたかのようにとても穏やかだった。

先日、嫁の栄子さんはこう言われた。

「私達がおばあさんを寝たきりにさせてしまった。おばあさんに、その時甘えさせてあげるのではなく厳しく接するべきだったのにと反省しています。おばあさんのためなら何でもしようといつもお父さんと話しています」と。

そしていつもおばあさんの周りには笑顔がある。深い愛に気付いた時、人はこうも潔く自らの欲望を捨て去ることが出来ることを、その身を以って教えてくださる花子さん。そして自らの死をも、かくも潔く受け入れられることを教えてくださった御老人に感謝、感謝。

6 人は身体と魂そして良い心を持って生まれます

生まれ出たその時から、
私達は良い心を持っています。
誰でも身体を持っているように、
誰でも魂を持っているように、
誰でも、良い心を持っています。
あなたも、持っています。全ての人々が。

我が身を愛にかえて

寝たきりの花子さん（96歳）の訪問も担当が変わり、今日で私の訪問は最後となる。花子さんにはとても多くの学びをいただいた。介護者（嫁の栄子さん）を思いやるあまり、呆けているかのように「知らん知らん」が口癖になってしまった花子さん。

玄関を開けると、シーンとした家の奥から花子さんの声、「待っていたー」

足早に寝室に行くと「出たみたいだ」、急いでおむつを外すと多量の便。

「おむつの中で用を足すはいやでな。それが一番切なかったわ」

「花子さん、尿が出るのはわかる？」

「あー。でもな便所へ連れて行ってもらうは栄子に気の毒だからな。わしは知らん、知らんと言う。栄子には言うなよ」と厳しいお顔。

私も介護の研修で、おむつの中で排尿、排便することがどれほど苦痛か体験したので、その時の不快感を思い出す。

一日何度も尿意を感じながら、やさしさゆえに「知らん、知らん」と言いつつおむつの中で排尿しなければならない花子さんの覚悟。その笑顔の裏の深い決意を知った私は、花子さんの手を握り「花子さんは偉いね」と涙をこらえながら笑った。

訪問を終え、外に出ると今日も知夫村の海は変わらずやさしく私を癒してくれた。

我が身の苦痛に耐えながら、その身を愛にかえて、ここまで人にやさしく出来ることを教えてくださった御老人に感謝、感謝。

縁ある人に支えられて

ネムの木に今年も赤い綿毛のような可憐な花の咲く季節となった。ネムの木の花のやさしさに包まれながら独居の愛さん（83歳）の所を久しぶりに訪問する。

玄関には鍵がかかっている（この島では鍵をかける習慣はない）。

大声で呼ぶと、かすかに人の声。何度も大声で呼ぶと、しばらくして鍵が開き、立つことも出来ないほど弱り切った愛さんが、這うようにして出てこられた。

「身体中が切ない（怠い）」と、冬のセーターを着込み、コタツに入られる。額に手を当てると何とも熱い。「お尻が痛くて座れない」と続く。見ると、腰から臀部に赤い発疹がいっぱいある。電気の入っていない冷蔵庫の中はからっぽで、数日何も食べた様子がない。

抱きかかえながら診療所に車でお連れする。車を止め、抱きかかえながら歩き出すと、急に身体を曲げられる。何かと思って見ると、そこにはタバコの吸がらが落ちている。愛さんをかかえながらタバコを拾いゴミ箱に入れると、「ありがとう」と安心される。

熱と痛みの中でもやさしさを持ち続けられる愛さんに感動しながら受診する。

島外への入院が決まる。親族の付添いが必要だが、島に愛さんの身寄りはいない。もう何十年も前に離婚された。息子さんの奥さんに連絡すると、勤務中なのにすぐかけつけてくださった。

「ばあちゃん大丈夫?」と抱きよせてくださる。愛さんは合掌して「すまないね」と一言。「愛さん、よかったね」と手をとると、愛さんの目には涙が光っている。

〝縁〟、この言葉の持つ愛の力を教えられた。愛さんに注がれた愛の深さをきちんと受けとめ、いつまでも変わることのない愛を返される。〝縁〟の真の愛の深さを教えてくださった御老人に感謝、感謝。

大往生

美しい海とトウテイランの紫色の花に包まれてバイクを走らせる毎日。

いつも笑顔で待っていていてくださった修さん（享年93歳）の顔が、トウテイランの花と重なる。

仏壇の中の修さんのお顔は、まるで幼子のように純粋無垢である。手を合わせて祈る私の横でおばあさんは、仏壇の修さんに静かに話す。

「じいさんや、柴田さんが来てくれたよ、わかるよね」

遺影写真のお顔が更にほころんで見えた。

修さんは手をしっかりと合わせ、足をきちんと立てて（村は土葬なので棺に入る時必ず足を立てて入れる）、旅立ちの準備を自らして隣に寝るおばあさんも知らないうちに亡くなられた。

朝、おばあさんが「起きようかね」と声をかけた時、修さんの旅立ちを知ったとのこと。その日まで修さんをほとんど診察したことのない村の医師は一言、

「大往生でした」と手を合わせた。

ほんの数日前の訪問の時、独りぼっちの居間でせんべいの缶を枕に、呼びかけても夢の中だった修さん。それは、まるでだれかと話しているかのように、笑みすらうかべておられた。私の呼びかけに気付くと、うっすらと目を開け、またすぐに目を閉じ、遠くの世界に入られる。

枕をし、入歯をはずしても、目を開けるでもなく、手を握って10分たち20分たっても修さんは夢の中。

「修さん、大丈夫?」と声をかけると、「大丈夫」とはっきり答えて、また目を閉じられる。

次の日、「昨夜は親せきの家へ行って来たよ」と、行ったはずもないその家のことを詳しく話された。おむつの世話になられたのもほんの数日。

いつも感謝の心でよく動き、言葉少なく笑顔であれば、こんなにもたやすく次の世界に入れることを、その身を以って教えてくださった御老人に感謝、合掌。

生あることに感謝

ススキの穂が秋風にゆれ、訪問に行く私に「心軽く生きよ」と語ります。

玄関を開け大声で桃さん（97歳）に呼びかける。

桃さんは息子さん（62歳）との二人暮らし。日のよく当たるコタツで、桃さんは落ちそうな老眼鏡をゴムで止め、穴のあいた古い靴下を大きな針で一針一針繕われている。

私が来たことに気付くと、見られてはいけない所を見つけられたかのように、「息子に見つかると捨てろと怒られる」と言って、大慌てで片付けようとされた。

私もそう言うであろうと思われたようだが、私は桃さんのその針仕事のお姿になぜか安らぎすら覚え、

「ゆっくり続けてください。何かとても懐かしくて、縫い物っていいですね」と言うと、安心したかのように靴下に向われた。

「年寄りの癖でね。戦争中のことを思うと、靴下が有るだけで有難い。どんなに息子に怒鳴られても捨てられないよ」と続く。

膝が悪く、もう何年も家の中で這う生活。

「年とると赤ん坊に帰ると言われるが、這うのは楽でね」と這いながら、掃除機をかける私の先にある物を、どんどん片付けてくださるのが常である。

自分のことは自分でと懸命に生きられる桃さんは、這うこともすばらしい能力であることを、私に教えてくださった。

肉体の障害にとらわれることなく、今ある我が身に限りない感謝をすれば、こんなにも凛と生きられることを教えてくださった御老人に感謝、感謝。

澄みきった空のごとく

澄みきった空は高く、凛とした冷たい風が吹きぬける中、今日も寝たきりの花子さん（96歳）を訪ねる。

嫁の栄子さん、今日は庭にむしろを敷いてゴマを落とす作業に余念がない。玄関を開け大声で花子さんを呼ぶと、奥の寝室から「オーイ、オーイ」と元気な声が聞こえる。

おむつ交換後、ジャーの中の温かいタオルで全身を拭く。その間じゅう、花子さんは嫁の栄子さんの自慢話に花を咲かせる。

「栄子は日本一、本当によくしてくれる。悪い所が一つもないわな。若い頃にあの子を嫁にと私が頼んでもらった。その日から良いことばっかり言っとたら、やっぱり人間悪いことは出来んからな。こうして栄子がこの家に来て50年、良いことばっかり言っとたら良いことしか起きんよ。悪いことがあっても口には出さん。良いことばっかりだよ」

50年間、どんな時も良いことばかりを思い、そして口にしてこられた花子さん。その努力の上に今、家族の調和があり、花子さんの平和がある。花子さんの心の美しさを思う時、以前耳にした言葉を思い出す。

〝真の美しさが宿る時、あなたの家に調和が生まれる〟

美しい心こそが家族の調和を生み、真実の安らぎを呼ぶことを教えてくださった御老人に感謝、感謝。

謙虚さを学ぶ

村はすっかり冬の風の中。今日も小雪の舞う中、訪問のためにバイクを走らせる。99歳で一人暮しのトメさんの家に着く。大声で呼ぶ私の声に応えて弱々しい声。部屋の中は薄暗く、ストーブもない。凍るように冷たい私の手をとると、その痩せた、でも温かい手で「冷たかろう」とやさしく包んでくださる。

トメさんの手のぬくもりは私の心を融かし、どんな言葉よりどんな物よりも心温かく、胸が熱くなる。

配食のお弁当をコタツの上に置くと嬉しそうに「待っていたよ。有難いね。この年で一人で暮らせるのもみんなのおかげ」と合掌される。

週二回の入浴サービスを受けておられるトメさん、なんとしても明日は家で待っていただこうとお願いする（長い坂道の下でいつも車を待たれるのでとても危ない）。

「明日は雪であぶないので、家の中で待っていて下さいね」と言うが、

「そんな迷惑かけてはいけないよ。それなら風呂止めよう」と、どこまでも謙虚である。

自分に出来ないことはしない。自分の身の丈に合ったことだけすればよいと、いつもいつも謙虚である。

「どうして?」と聞くと、

「何年生きてると思っているんだね」と笑顔でさらりと言われる。

50年もの長きにわたって一人暮らしを通され、人に甘えることなくいつも凛と生きてこられた。その奥に限りない謙虚さと強さがあることを学ばせていただく。

年を重ねるほどに謙虚であれと教えてくださった御老人に感謝、感謝。

少女のようにあどけなく

暖かな昼下がり、外で杖を片手にほうきを持ち、庭を掃く菜子さん(82歳)のお姿。バイクを急いで止め、声をかけ菜子さんに代わって庭を掃く。

数年前にこの島にもどられ、障がいをもち、歩行が困難にもかかわらず一人暮らし。

庭にあるビールの空箱に腰をおろし、庭のコンクリートを指さされる。

「ここに大根が出来てね」と美しい標準語で言われる。

「なんと一粒の大根の種がコンクリートの隙間にあって、その大いなる生命力を保ち、野大根と見まちがうほど立派に育った。大根は大根おろしで食べた。その辛さがとてもおいしかった」と話される。

「来年は雑草だらけの畑に、いつか読んだ自然農法のように大根の種を2袋撒いてみる」と言われる。

その目は少女のようにあどけなく輝いていた。

「花咲かじいさんならぬ、大根おばさんですね」と二人で笑った。

障がいに負けることなくいつも心は軽やかである。

「残された人生があと5年あるとしたら、この島で心清く自分らしく生きて、たとえその命が3年になったとしても、その方がいいわ」

施設入所の話が出るたびに、口癖のように言われる菜子さん。

その心の美しさと強さに私の心はいつも清められる。心清くといつも教えてくださる御老人に感謝、感謝。

料金受取人払郵便

山科局承認

1695

差出有効期間
平成31年11月
30日まで

郵便はがき

6 0 7 - 8 7 9 0

（受　取　人）
京都市山科区
日ノ岡堤谷町１番地

ミネルヴァ書房
読者アンケート係 行

◆ 以下のアンケートにお答え下さい。

お求めの
書店名＿＿＿＿＿＿＿＿市区町村＿＿＿＿＿＿＿＿＿＿＿＿書店

＊ この本をどのようにしてお知りになりましたか？ 以下の中から選び、3つまで○をお付け下さい。

A.広告（　　　　）を見て　B.店頭で見て　C.知人・友人の薦め
D.著者ファン　E.図書館で借りて　F.教科書として
G.ミネルヴァ書房図書目録　H.ミネルヴァ通信
I.書評（　　　　）をみて　J.講演会など　K.テレビ・ラジオ
L.出版ダイジェスト　M.これから出る本　N.他の本を読んで
O.DM　P.ホームページ（　　　　　　　　）をみて
Q.書店の案内で　R.その他（　　　　　　　　）

書 名 お買上の本のタイトルをご記入下さい。

◆上記の本に関するご感想、またはご意見・ご希望などをお書き下さい。
文章を採用させていただいた方には図書カードを贈呈いたします。

◆よく読む分野（ご専門）について、3つまで○をお付け下さい。

1. 哲学・思想　2. 世界史　3. 日本史　4. 政治・法律
5. 経済　6. 経営　7. 心理　8. 教育　9. 保育　10. 社会福祉
11. 社会　12. 自然科学　13. 文学・言語　14. 評論・評伝
15. 児童書　16. 資格・実用　17. その他（　　　　）

〒 ご住所 Tel　　（　　）	
ふりがな お名前	年齢　　歳　性別　男・女
ご職業・学校名 （所属・専門）	
Eメール	

ミネルヴァ書房ホームページ　http://www.minervashobo.co.jp/

＊新刊案内（DM）不要の方は × を付けて下さい。 □

宇宙との会話

春を呼ぶ、ふきのとう。芽吹きの便りを聞きながら姫さん（84歳）宅を訪問する。定年を迎えた長男（66歳）との二人暮らし。

近くに住むゆいさん（82歳）がお世話に来られていた。

ゆいさんも高齢の御主人との二人暮らし。ゆいさんは心臓の手術を終えて帰村されたばかり。私の顔を見ると待っていたとばかりに話される。

「手術前、とても息苦しくてもうダメかと思った。でもね、手術が終わって息を思いきり吸った時、涙が出たよ。それまで何とも思ってなかった空気に手を合わせたよ。息をすることがこんなに有難く快いことだったなんて。それまでとは大違いだよ」と続く。

「今は生かされているんだってわかる。いつもいつも空気に手を合わせる。そして生きていることが本当に有難いって思えるよ」

だれにでも生きることの喜びを伝えたいとばかりにお話は続く。

〝呼吸とは宇宙と会話すること〟

以前目にした言葉を思い出す。ゆいさんの貴重な体験こそが、宇宙との対話のはじまりであったことを思い、一呼吸、一呼吸を大切に生きていかねばと大きな学びをいただいた。

今も雪の中、船出の夫を見送り、船を押すと言われるゆいさん。空気さんに手を合わせ、生かされている我が身を愛しく思われる御老人に感謝、感謝。

有難いことばかり

道端の大きな梅の木の白い花に声をかけ、バイクを走らせる。

玄関先で大声で健さん（85歳）を呼ぶ。

広い居間でポツンと一人コタツに座っておられる。一人暮らしで耳の遠くなった健さんには聞こえない。

返事のないまま家に入ると、右目が赤く充血し痛々しそうである。

「大丈夫？」と問うと、

「この目はもうダメでな。光しかわからないんだよ。でも一生懸命役割を果たそう、果たそうとして、時々こんな風に赤くなる。有難いことだね」と、その目を愛しそうに話される。

「いつもこの目に、もういいんだよと言ってやるけど、起きてる間じゅう、働こうとしてくれる。だから朝に夕に目薬をさして、ありがとうねって礼を言う。そうすると直る。偉いもんだね」と話される。

「目も有難いけど、娘や周りの者がよくしてくれるのも有難いよ」と続く。

「健さんが今までよくされたからですよ」と言うと、「みんなそう言うけど、私は何にもしてないよ。まだ若い姪の子すら帰村すると必ず寄って『元気でね』って……。長生きしてよかった」と手を合わされる。

我が身の老いをそのままに受け止め、全てに感謝を持って生きられる健さん。その穏やかな笑顔はいつも私の心を和らげてくださる。

老いることの美しさ、人の世の愛の深さを教えてくださった御老人に感謝、感謝。

今を生きる

春風の舞う山々は山桃、山桜の花に色どられ、バイクで訪問に向かう私の心を軽くする。

息子さんと二人で静かな生活を送られているさえさん（95歳）。足に軽い障がいを持つさえさんは、話相手もなく、いつも私の訪問をとても喜んでくださる。

今日も顔を見るや、掃除をする私の前を片付けながら話に花が咲く。

「診療所で〝死にてー〟と言う年寄りがいるが、あれは愚痴だよな。私は息をしているこ
と、今生かされていることに感謝しているよ。〝死にたい〟と言うのは、世話をしてもらっ
ている家族に対して申し訳ない。言ってはならない言葉だ」
「昔はこの島でも年寄りがたくさん首をくったもんだが、今は時代がよくなって年寄り
を大事にしてくれる。今私に出来ることを精一杯しながら、手を合わせながら生きるよ」
95歳とは思えないほど、その言葉は力強かった。
昨夜はダンボールを土の上に敷いて、その上に座って庭の草取りをされたという。草一本
もない庭を誇らしげに指さされる笑顔はとても穏やかであった。
いただいた命に感謝し、今を大切に生きることを教えてくださった御老人に感謝、感謝。

7

それはたいしたことではありません

今、あなたは、
大きな難関にぶつかっているかもしれません。
でも、その問題はたいしたことではありません。
今、あなたが生きていることに比べれば。
生きているだけで尊い価値があるのです。

魂は永遠に

今年もとみさん（94歳）の庭のツツジの花がみごとに咲いた。

このツツジの花は、とみさんが糞尿を撒かれることで、その美しさは格別である。

「糞尿は撒かないで」とお話しするのだが、「まだ大丈夫」と、私のいない間に庭の木々の根元に撒かれるのが常である。

足を労りながら人に迷惑をかけない一人暮らしを楽しまれるとみさん、今日も私をベッドの中で迎えてくださった。

いつものように、その手には表紙が取れてなくなった古いノートが握られている。それは一年ほど前に旅立たれた旦那様の闘病日記である。

「○月○日　今日も体が切ない。おれの命はあとどのくらいか。○子のことが気がかり。つい今も、つまらんことで大声を出してしまったが許せよ」

耳の遠くなったとみさんの耳元で、私が大声で読む。これが私ととみさんの日課である。

「いいお父さんだったね」と言うと、そのたびに照れ、しわだらけのお顔はとても嬉しそうである。

診察所へ行くため手を握り、ベッドを離れると、仏壇の前で麻痺のある右手に左手をそえて合掌される。

「お父ちゃん行ってくるよ、すぐ帰るからね。御先祖様、今日もありがとうございます」と祈られる。

心静かに先立たれた旦那様とともに生きておられるお姿に、その魂は永遠にいつも見守っていてくださるのを感じる。

「いつもお父ちゃんと一緒だよ」と言われ、御高齢にもかかわらず一人暮らしを通されるとみさん。

人は心に愛がある限り、心静かに凛と生きていけることを教えてくださった御老人に感謝、感謝。

支えあって生かされて

訪問の途中、山道にはたくさんの白い可愛いシオンの花が私を迎えてくれる。

一人暮らしのとみさん（94歳）、私の顔を見ると、大きく手を振って「早く早く」手招きされる。

「今日は卵が4つになったよ。この前見た時は1つだったのにね」と玄関先のツバメの巣を見せながら少女のように嬉しそうである。

「ツバメは宝よ。じいさんが亡くなって淋しかった私のところに今年も来てくれた。人間よりずっとよく働くよ、小さな身体で一生懸命、偉いね。色々教えられるよ」と続く。

家の前の小さな庭には、今年も夏野菜がみごとに育っている。

腰痛の持病があるとみさんだが、杖を片手に少しずつ糞尿も自分で撒き、我が身を励ます声をかけながら畑づくりされている。

カラスに声をかけると、台所の窓から魚をやり、ラジオの声を友として、今という時間を大切に生きておられるとみさん。

「人間は一人では生きていけないからね。手を合わせるのが一番だよ」といつも言われる。ツバメ、カラス、そして野菜に、とみさんの言葉はまるで我が子に愛を注ぐかのように、とても細やかでやさしい。

孤独で淋しい一人暮らしの我が心を、自然に注ぐ大きな愛でうめておられるとみさんのやさしさに感動。全て、支えあって生かされていることを学ばせてくださった御老人に感謝、合掌。

魂のふるさとへ

今日は朝から暑い一日である。海からの風が、訪問する私を快く包む。

だれもいない家の玄関を開ける。寝たきりで御自分で身体を動かすことも出来ない花さん（97歳）を大声で呼びながら、お返事のないまま寝室へと入る。

村の医師から御家族に「今月一杯もつかどうか、村の夏祭りを越えさせてあげたいね」と告げられて20日が過ぎた。点滴も投薬もない。

「花さん」と大声で呼び手をとるが、空ろなままである。声をかけながらおむつ交換、清拭をするが花さんの返事はない。

最近、こういう空ろな日が多くなった。花さんの手をしっかり握る。人は肉体への執着を手放し、心のとらわれを放す時、魂のふるさとへ帰っていくと言われる。

花さんはその生命の最期の時にあって、肉体は暑さを感ずることもなく苦痛もない。そして心のとらわれも一切ない。

花さんの手を通して、私は花さんの心の安らかさを感じさせていただく。花さんとの無言の時の流れの中で、花さんは私に、「死は魂のふるさとへ帰るやすらぎの時」と教えてくださる。

こんなにも大切なことを、その身を通して無言で悟してくださる御老人に感謝、感謝。

魂のふるさとへ(Ⅱ)

穏やかな海は青い空と手を取りあって、今日も私の心を和らげる。

寝たきりで自分で身体を動かすことも出来ない清一さん(97歳)の訪問に向かう。

清一さん以外だれもいない家の玄関を開け、大声で清一さんの名を呼び寝室へ入る。今日も返事はなく空ろなままである。手をしっかりと握り大声で清一さんを呼ぶ。

急に目が開くと、しっかりとした声で話される。

「友人が2人、もうとっくに死んだ人だけどね。私のここに来てな、何も言わないでとてもうれしそうに笑って、私を呼ぶんだ。一緒に行こうと手を引くから行ったけど、怖くなかったよ。とても軽くて、いい所だったわ」と嬉しそうに話される。

友人2人の名前もしっかりわかっている。村の医師から、清一さんに残された時間がないことを告げられ20日が過ぎた。

そういえば以前にも、死の床にある〝幸齢者〟の方々から同じような話を何度も聞いたことを思い出す。

天寿を全うする時、人は帰るべき世界を見ることが出来ると、清一さんは教えてくださる。そして自分より先に仏となった親しい人々が、その最期の時にあって、やさしく手を引き、帰るべき魂のふるさとへ案内してくれるから、何も怖いものがないことを清一さんは教えてくださる。

しばらくお話した後、また、引かれるように空ろな世界に入っていかれた清一さんの手はとても和らかく、そして温かい。

まるで私をもその世界に連れて行ってくださるかのように、私の心は清められた。

訪問を終え戸外に出ると、小さな頃に亡くなった私の父が、澄みきった青空で笑っていた。

私に次の世界が確実にあることを、そして先に行った人達は、いつも私達を見守っていてくださることを、教えてくださった御老人に感謝、合掌。

死は愛に包まれて

今日も手入れの行き届いた庭には、ピンク色の可憐なムギセンノウの花が、もう帰ることのない主人を待っている。

ほんの1カ月ほど前、弁当を持っていった私の耳に、庭で話される娘さんとの会話が聞こえてきた。

「ばあさん、もうそんなことしなくていいよ。もうすぐ逝くんだから」

「だからするんじゃないか、身の周りを片づけないと、時間がないんだよ」と庭の手入れに余念がない。

末期ガンであることを知り、一緒に住もうという娘さんの申し出も断られ、気丈に一人暮らしを通される和子さん（92歳）。

夜半激痛におそわれ、一人苦しみ耐え、「人様に迷惑をかけるから」と、夜が明けるのを待って診療所に連絡、点滴を受けられた。

点滴がはじまると安堵され、眠りにつかれる日々が多くなった。人のぬくもりを十分に知りながら凛として一人で生きられるお姿に、私自身何度涙したことかわからない。

死の2週間前、激痛に苦しみながら島外へ緊急入院。しかし死の3日前、娘さんは医師の反対を押し切って、和子さんを退院させ自宅へと連れて帰られた。

娘さんは「私が連れて帰りました。私が看取ります」と毅然として言われた。その愛あふれる言葉に感動した。死の床にある命を支える。それはどれほど重たいものか、そしてどれほど美しいことか。

人々に平等に与えられた運命は〝死〟だけである。

死のその時まで共に生きること、これこそが愛であると、その身を以って教えてくださったお二人に心から手を合わせている。

真の愛の意味を教えてくださった御老人に感謝、合掌。

幸せとは愛に包まれし心

山道を紫色のトウテイランの花が咲き、秋風がほほえんでいる。

満さん（95歳）は奥さん（89歳）との二人暮らし、いつも私の訪問をとても喜んでくださる。

満さんは重度の難聴、奥さんは最近、物忘れがひどい。大声で呼びながら、玄関を開け、居間に入ると、今日も二人でテレビの前に座り、私を待っていてくださった。

「大根まぶきに、ねこ車押して畑に行こうと思ったら、じいさんが『今日は柴田さんが来る日だ。行くでない』と言うんで、待っとたわ」と奥さん。

いつものように私が奥さんと抱き合うと、満さんは涙を流して「待っていたあ」と、顔をクチャクチャにして喜びの心を私にくださる。

心和らいで満さんの方に進むと、私にボロボロの経本を手渡される。そっと手にとり開くと、それは般若心経であった。

「これはな、わしの所の宗教の経とは違うが、わしを仏の所に案内してくださる大事な経よ。毎朝毎晩唱えると気持ちが良うて、一日とてもいい気分だ」と言われ、私と二人で大合唱となる。

それを聞いていた笑顔の奥さん。「こん人がいないと困るがな」

「わしもババがいないとな」

お二人が顔を見合わせられると、幸せな空気が広がる。そこだけ時の流れが止まったかのようで、私にはお二人がお地蔵様のように見えた。側にいる私まで、まるで光の中に包まれるような幸せな時をいただく。

幸せとは愛に包まれた心そのものであることを教えてくださった御老人に感謝、合掌。

存在こそ愛そのもの

海は荒れ、船の欠航の村内放送が村に流れる。

〝経管栄養〟で言葉を失われて久しい文さん（91歳）。日暮れより痰を出すことが出来ず、呼吸が苦しそうである。

昨日、息子さん夫婦は島を離れられたばかりである。連絡を取るがどうしようもない。80歳をとうに越えた妹さんと2人で文さんの手を握り励ます。

そして祈った。

「ばあさん頑張れよ、息子が帰るまで死ぬなよ」と妹さんは繰り返される。

夜中にもかかわらず、老いた妹さんの声は力強く静かな部屋に響く。手を握り、身体をさする。

大きく開かれた文さんの目は、私の顔をじっと見つめてはなれない。

2時間、3時間と重い時が流れた。一つ大きな呼吸をされたかと思うと、今まで絡んでいた痰がスーと流れ出した。3人手を取り合い涙した。

島外の医師の勧めるままに、息子さんは親戚の反対を押し切って〝経管栄養〟を苦渋の選択。「母さんスマン」と、いつも言われていた息子さんの姿を思い出す。

人は皆必ず死が訪れる。どんな形であれ今生きている命の大切さを、文さんは教えてくださった。

人は今、ここに存在しているその事実だけで、十分に愛は伝わり生きる意味があることを、その身を以って教えてくださった御老人に感謝、合掌。

命の根っこにつながる

今日は海は荒れ、潮が舞い、冬の冷たい風がバイクの私の頬を刺す。シーンと静まりかえった玄関を開け、大声で花さん（97歳）を呼びながら、たくさん着込んだジャンパーを脱ぎ、寒々しい寝室へと入る。

夏祭りの頃、村の医師から、花さんに残された時間が少ないことを聞かされて半年、今も空ろな日々を送られている。

声をかけると、目を重そうに開けられる。

「おはよう、眠たくてな」と一言、またすぐ目は閉じられた。

花さんは寒さすら感じられなくなった。全ての執着を手放し、生老病死の苦しみを全て越え、今は空ろな世界におられる時間が多い。

いつもいつも有難いと言われる花さん。

「天の下、雨も嵐も吹く。でもな、家の中のことは人に言わなければわからない。苦しいことはじっと胸の奥にしまって、黙って口にしなければ必ず幸せが来るぞ」と口癖のように言われる。今、幸せな世界に身を置かれ、私をも導いてくださる。花さんの訪問を終え戸外に出ると、嵐の中から大好きな相田みつをさんの言葉（「道」の一節）が聞こえ、私の心にストンと落ちた。

黙って歩くんだよ　ただ黙って
涙なんか見せちゃダメだぜ！
そしてなあ　その時なんだよ
人間としての命の根が深くなるのは

花さんの言葉と重なって、私の心の中に繰り返し響いていた。命の根っことつながるには苦を口にしないこと。その身を以って教えてくださった御老人に感謝、感謝。

愛は身近な人を気遣うところに始まる

墨絵のように美しい村に雪の舞う中、バイクを走らせる。長男(62歳)と二人暮らしのさえさん(86歳)。赤々と燃えるストーブの前に座り、しわだらけの温かい手を私の前に差し出し、凍るほどに冷たい私の手を愛しそうに包んでくださる。

「寒かったろう。さあ身体を温めて。今日はもういいよ」とやさしい言葉は続き、さえさんの手の温もりは私の冷えた手も心も温かく解かす。

「話をしよう。待っていたよ」

「だれとも話さないと呆けそうでね」

せっかくだからと、手早くお身体を拭き、湯で足を温める。

「息子には本当に悪いと思っているよ、何か言うとすぐ怒るから口を利くことはないけど、こうして家族と離れて、わしを世話してくれる息子には手を合わせている。有難いことだよ、昨夜も胸が苦しくて、このまま逝かせて下さいと言いながら、じっとひとりで我慢した。でも、今朝も息していたよ。こんなババでもまだ生きている意味があるんだね」と笑顔であった。

凍るほどに冷たい手、そして心をも温めてくださったさえさんのやさしさが、私を癒してくださったこと、これこそがさえさんの生きる意味。

沈黙はたくさんのことを教えてくれるというが、自分の死の重みすら独りで受け止めるさえさんの強い覚悟を思う時、その深い愛を知る。

自分に厳しい生き方こそが心を強くし、深い愛を育てることを、その身を以って教えてくださった御老人に感謝、感謝。

感謝こそ生きる力

冬将軍がどっかりと村に居座る中にも、やっとふきのとうが春の訪れを告げる。

ゆりさん（86歳）の家の前の道路は今日も掘りあげられ、工事の方が2、3人、とても賑やかである。

足に重い障害を持ちながらも、一人で暮らすゆりさん。居間に入ると、

「工事の人が賑やかで、人の声が聞こえて嬉しい。顔も知らない人達だけど、朝声がしだすと何だかとても心が元気になるよ」と、私の顔を見るや否や話される。

冬の村は静かで暗い。ゆりさんの家の前を通る人はほとんどいない。

「今、娘から電話があってね。私は、娘の心までは産んでないけど、とてもやさしい。長距離介護だねって、2人で笑ったよ。必ず毎日電話をくれる娘の言葉に励まされて、頑張らないとと思う。どんな薬よりよく効くよ」

そこには晴々とすがすがしいゆりさんの笑顔がある。

仕事を済ませ、ジャンパーを羽織る私に、

「この頃、朝起きた時とあんたらが帰る時、必ず涙が出る」と言われるゆりさんの頬に、もう涙が光る。

私はゆりさんの手を握る。立ち上がることがやっとの我が身を奮い立たせながら、1人で暮らされるゆりさんの深い覚悟を知る時、縁ある者への深い感謝こそが生きる力であることを教えられた。

全てが支えあって生かされていることを教えてくださった御老人に感謝、合掌。

8

自分を愛している人が他人を愛することができます

他人への愛と言うのは、
あふれる出る水のようなものです。
まず、自分の心を、愛で満たすこと。
自分の心が愛で満たされた時、
人ははじめて、
他人を愛することができるようになります。

安らかな死は安らかな生より

春の嵐のいたずらで今日もフェリーは欠航。村はなんとも静かである。

食物が口から摂れなくなって今日で10日目。あやさん（95歳）はそれでも笑顔で私を迎えてくださる。

口から出る言葉は、もうとうに亡くなられた旦那様のことばかり。

「いい人じゃった。わしは不細工なおなごだったが大事にしてくれての。人がわしを悪く言うようなことがあるといつも庇《かば》ってくれた。そろそろ父さんが迎えに来たようじゃ」。そう言っては食を拒まれる日々。

島外から娘さんが様子を見に帰村。2日ほど泊まられ、どうしても用事があると島を離れる朝、あやさんは得意な民謡を大声で力の限り歌ってみせられた。

「娘に迷惑をかけてはいけない」と常々口にされていたあやさんの母心、私はその歌声に涙した。

あやさんは身体の痛みは全くないと言われる。

人は死に際し、自らの持つ脳内モルヒネを出すと、以前読んだ本に書いてあった。今まさにあやさんはその世界にあった。

食事を運ぶと「もうババには食べさせるなよ」と笑顔で言われる。その潔さに言葉もない。自らの死を以って愛の世界へ帰ろうとされるあやさん。その命の尊さを教えてくださった御老人に感謝、合掌。

明るく安らかな死を想う

村ではだれも愛でる人もいない山桜の花が、山肌を桜色に染め、バイクで訪問する私の心を癒してくれる。

ほんの一週間ほど前、嬉しそうに障子を張り替えておられたゆきえさん（91歳）。今は近くに住む娘さんの家に引きとられ、小さなお孫さん達と一緒である。だが食事も摂れず、ただただ空ろな世界を行ったり来たり。

一週間ほど前、震える手で障子張りをされていたゆきえさんは、

「娘の家で死んでも、ここで葬式は出してもらう。娘もいいと言うし、よかったよ。だから少しでも迷惑をかけないように、少しずつ自分で出来ることはしておく」と言われ、自らの死の様子を語ってくださった。

その凜と力強く穏やかな口調に驚いた。

「死ぬのは娘の所、孫がいっぱいいて、みんなよくしてくれる。家族や、知っている人に囲まれてな」

ゆきえさんの死のお話は、とても明るく安らかであった。

そして今、お孫さんは、ゆきえさんのむくみのきた顔を小さな手で包み、「おばあちゃんのお顔はとてもフカフカで気持ちいい」と大喜び。ゆきえさんの笑顔もとても美しい。

そして一週間後、自ら言われていた通り、愛する人々に囲まれて旅立って行かれた。

ゆきえさんの死は、長い年月愛を重ねていくことこそが、愛の中で安らかな死に至る道であることを教えてくださった。

人間は愛の中で生かされ、愛の中で死を迎えることが出来ると、その身を以って教えてくださった御老人に感謝、感謝。

太陽の光と共に生きて

今日も太陽の光を浴びて、海はキラキラと光っている。小鳥の声を聞きながら、一人暮らしの咲さん（97歳）を訪ねる。

庭をきれいに掃き、玄関にサンダルをきちんと揃え、いつも咲さんの心のように整った玄関を入るたびに、私の心まで落ち着くほどである。

耳の遠い咲さんを大声で呼ぶ。返事はない。家の裏の畑へと行く。

そこには太陽の光を浴び、小さな身体をくの字に曲げて、夏野菜を植えられている咲さんの姿があった。

私が親守りのために帰省し、お休みをいただいていたことを詫びると、

「親はいつまでも居ないよ。居るうちに孝行するがいいよ。仕事はいつでもあるからね。娘の代わりは誰にも務まらないよ」と、笑顔になって私の心を励まし、軽くしてくださる。

「わしの所へも毎晩7時、子供から電話が入る。有難いことだよ。だから電話の前で待っているよ」と続く。

耳が遠く、補聴器をしていても電話のベルは聞こえない。咲さんは毎晩7時に電話の前に座り、本土からの電話を待たれる。それも今日も生きているという証し。

「夜眠ると、そのままになってしまうかも、と思うけど怖くはないよ」と言いながら、得意の般若心経を唱えられる。

その声は、青い空の果てまでも届くかのように清らかだった。

太陽と共に凛と生きることこそが、心安らかな今を生きることと教えてくださった御老人に感謝、感謝。

宇宙の法則に身をゆだねて

山道の白いドクダミの花のやさしさに包まれて、バイクを走らせる。

玄関を開けて居間に上がるが、一人暮らしのトシさん（91歳）の姿はない。大声で呼びながら庭を探す。

両手に杖をついて、やっと立っておられる。足元を見ると野イチゴが赤く熟れていた。2つ3つ手に取り、フーと息をかけてトシさんに渡すと、嬉しそうに口にふくまれる。

「甘いね」とほほ笑むと、庭に植えられたきゅうりの花を指差し、

「きゅうりの花に蝶、誰も呼ばないのに、こんな小さな畑に来てくれる。大きな空を飛ん

でいるのにどうしてわかるんだろうね。宇宙の法則ってすごいね。本当に偉い」と話される。

居間に戻り、たくさんの古い人形の前に座られると、

「これはマー君。40年前、息子がお土産にと買ってくれた。人恋しい時話しかけると元気になる。そしてこれはひとみ。みんな名前がついている。ひとみは25年も前から一緒に住んでいるよ。きゅうりの花に蝶が来るように、ババが本当に困った時、みんな来てくれそうで元気になる」

トシさんのやさしい横顔を見た時、私の目には涙があふれだした。

美しく生きるとは、その胸の内に自らの愁いをしっかり秘めて、宇宙の法則に身をゆだねることと教えてくださった御老人に感謝、合掌。

たった90歳だもの

村にも夏がやってきた。訪問に向かう私とすれ違う見知らぬ人達は、涼を求めて都会から

来られた方々である。

一人暮らしの育子さん（91歳）、玄関で呼ぶが、私の声は古いミシンの音に消され聞こえない。廊下にある足踏みミシンを相手に、今日もお世話になった人にと、小物を作っておられる。

「お元気ですね」と声をかけると、

「お盆になったら、私を連れに子供らが帰る。都会に行くと私は死ぬ。都会へ行くと、お客様が来ると私は隠れる。だれも相手などしてくれないよ。家はここより、ずっとずっとりっぱだ。食べ物もご馳走ばかり。物にも不足がないよ。でもババは未だ、たった90歳。この土地で生まれた。この土地で死にたいよ。子供にそう言っていいかね」と続く。

「もちろん、子供さんにもきちんと言わんとわからんよ」と答えると、やっと落ちつかれたように、ミシンの音が止んだ。

午前中は墓参りをし、先人への感謝を思い、午後は世話になった縁ある方々への想いを古いミシンに託される。自らの死ときちんと向き合い、全てに感謝の想いをもちながら凛と生きられる育子さんに大きな教えをいただいた。

美しい死を想い、全てに感謝を想うことこそ生きることと教えてくださった御老人に感謝、合掌。

お年寄りは家族の光

浜昼顔が潮風にゆれて笑っている。

今日は苑の入浴日。車イスでの生活が長い育子さん（86歳）。入浴後、その自慢の長い髪をドライヤーで乾かす。

「今は親を老人ホームに入れて働く人が多くなった。昔は、年寄りは家族の光と大事にされたもの。今の人は何でもお金で計ってしまう。都会の子供達は年寄りを見たことないものね。悪くなるはずよ」

最近、テレビ画面から流れる悲しい事件は、家に光がないからと言われる。そして車イスを押す私に「あなたも大切な物を失くさないでね」とやさしく言われた。

背すじをきちんと伸ばし、女の誇りは長い髪と言われ、いつもきちんと束ねておられる。車イスの生活ながら、入浴以外に手を貸してと言われることはない。

その甘えのない凛と生きておられるお姿に、私はいつも励まされる。

結婚もせず、外で働くこともせず、長き人生のその全ての時を、病弱な家族のために捧げられた育子さん。それは育子さんの心の無駄を省き、真理へと導いたようだ。

今、育子さんは私の光そのものである。愛を重ねて生きていくことこそが、凛と生きる道であることを、その身を以って教えてくださった御老人に感謝、感謝。

ありがとうは祈りの言葉

私はカナさん（96歳）の娘さんの訃報を聞き、青い海に娘さんの笑顔を思いながらカナさん宅へ急ぐ。

昨夜、カナさんの介護をされているお孫さんに、敬老の日を前に〝おめでとう〟と花を添えたメールを送ったことが心から悔まれる。

私は玄関先で、お孫さんにお悔やみとお詫びを言い、しっかりと手を握る。通されるままに寝たきりのカナさんの寝室へと入る。

カナさんは私を見つめると、大粒の涙を流しながら、

「娘は島を離れるとき、ババよ、もう待つなよと言った。覚悟してたんだね」と声を搾りだされた（島外の病院で治療中だった娘さんは一時、島で療養されていた）。

込み上げる悲しみと苦しみは嗚咽《おえつ》となって、小さな痩せたカナさんの全身を震わす。私はあふれる涙を止めようもなく、手を握り、カナさんをしっかりと抱き寄せる。

生きるとは悲しみや苦しみを心の奥に仕舞い、しっかりと受け止めて歩くこととカナさんの大粒の涙が語る。

隣に座るお孫さんは、すっかり涙も果てたのかのようで、ただ茫然と見つめておられた。たくさんの涙の後に苦しみを越えて、「仕方ないよ、ありがとう」とカナさんは言われた。

ありがとうの言葉は苦しみを越える魔法の言葉であり、祈りの言葉であると教えてくださった御老人に感謝、合掌。

病人という名の天使達

そろそろ紅葉の便りが届く頃となった。普段、元気そのもので〝病〟とは無縁な私だが、のどに出来た腫瘍の手術のために、本土で一カ月の入院生活を送ることとなった。

病人という名の天使様の中で、私は真のやさしさを学ぶために自ら病となり、ここに来たようだ。

救急車で運ばれ、同室となった正子さん（93歳）。口から食事を摂ることは出来ず24時間点滴のみ。それまで病院など入ったことのない正子さんを想って、医師はご家族に、「認知症状が出るといけないので、毎日面会に来るように」と告げた。

耳の遠い正子さん。御家族は、病院ゆえに大声で話すことも出来ず、ほとんど言葉を交わすことも出来ないまま、無言で身体を摩りながら2週間通い続けられた。

やはり同室で、抗がん剤の治療を受けておられる美紀さん（50代）。

週一回の治療の点滴を受けられる間中、休みをとって側に座り続けておられる美紀さんの旦那様。美紀さんの安らかな寝顔を見ながら、お二人には言葉はいらない。良い時間を共に過ごすことこそ愛と思っていた私であるが、このお二人の愛に私は驚いた。

手術の日、全身麻酔からようやく覚めかけた私は、側で見ていてくれた夫の和やかな桃色のオーラに包まれ、大きな安らぎの中に居た。それはどんな言葉より、尊い全てを受け入れてくれる存在そのものの持つ安心感であった。これこそが人間の愛そのものと解った時、私は大粒の涙を流していた。

言葉を越えた人間の存在そのものの持つ尊い愛、こんなにも貴重な学びをくださった病人という名の天使様達に感謝、感謝。

心に真心の火を燃やして

「冬の波には骨がある」と、島の高齢者の方が言われるように、今日の海はとても時化《しけ》ている。

本土からフェリーに乗り込もうとする私の目に車イスの椿さん（97歳）の姿。思わず走り寄る私を見つけると、椿さんは小さな手をしっかりと合わせ、「あ、あ、あ、り、が、と」と、言葉にならない。

合掌された椿さんの手を私の手で包む。言葉は出ない。長き人生を島で暮らし、今お孫さんに車イスを押され、本土の老人ホームへと向かわれる椿さんの姿が、私の目から離れない。

椿さんの家を訪問中に話してくださった、椿さんの宝物の話を思い出す。

「戦争中、父ちゃんとの面会で長崎まで小さな子を一人おんぶし、二人の子の手を引いて行った。当時の汽車は満員で座ることはもちろん、乗るのもなかなかだったわ。先を急ぐ人ばかり、子連れの旅は大変で、わしは田舎もん。汽車に乗ったこともなく困り果てていた時、全然知らん人だったけど、手を引いてた上の子を背負ってくれ、下の子を抱いて汽車に乗り、父ちゃんの所まで連れて行ってくれた。あん人がおらな、父ちゃんとの最後の面会も間に合わんやった。不思議な気がする」

「世の中にはよい人がおるもんだ。そのすぐ後、父ちゃんは戦死して遺骨を取りに行った。白い箱の中は空っぽで軽かった。涙が止まらなかったけど、父ちゃんの心はそれからずっとわしと一緒。汽車の中のやさしい人がそう教えてくれたような気がする。それから50年以上もわしの心の拠所だよ。ほんの何時間かの縁だったのにな」

そう語りながら青い空を見つめておられたのが昨日のことのようだ。そして今、小さな身体を車イスにあずけた椿さんの後姿を見送りながら「これからも心に真心の火を燃やしてどうかお元気で」と祈った。

人間らしく生きるとは、どんな環境の中にあっても心の尊さを失わないことと教えてくださった御老人に感謝、合掌。

命の喜び

村は厳しい寒さの中にあり、今日もフェリーの欠航を告げる村内放送が流れた。

寒さも手伝って歩行が困難な文さん（94歳）。訪問すると、電気毛布の中で手鏡をのぞきこんで、自らの小さな顔を映されている。

声をかけると驚いたように振り向かれ、

「笑って死ぬように練習していた。遺影を用意する人もおるが」と、これ以上ないほどの笑顔で答えられた。

笑顔の奥の凛とした強さを見た私は言葉もなかった。思わず走り寄り両手をとった。小さな部屋で、いつも一人テレビを観るか、眠るばかりの暮らしの中で、自らの死に顔までも想われる。

文さんの深い孤独と潔さに言葉は出なかった。そんな私に「ありがとう。寒かったろ」と文さんはいつものようにとてもやさしい。

「死を覚悟し、死をそこに控えて、今ここに自分が生きていることを摑《つか》むことこそが命の喜びだ」と、かつて私に教えてくださった方がいた。

文さんは今、その小さな身体そのもので、命の喜びを私に教えてくださった。

真実の命の喜び、こんなにも尊い学びをくださった御老人に感謝、感謝。

9

旅立つ人はみんな神様

この世に生まれた瞬間《とき》
すべての人が手に握る、
天国行きの切符、
旅立つ人はみんな神様。
それが生きる意味、 そして希望。

りっぱなおばあさんになった母

本土で長男夫婦と暮らす私の母が、心不全で入院との報を受け、嵐の中、本土へと渡る。この荒れた海の波は、母の病を聞いて乱れている私の心そのままである。

病院に直行すると、母は今生きているのが奇跡と医者が言うほどに、心臓は弱り、鼻にはチューブをつけ、尿の管もつけられてベッドで休んでいた。それでも私の顔を見ると、笑顔を返し無理に起き上がろうとする。

私はむくみのきた母の足を何時間もさする。そして心の中では〝ありがとう〟を念仏のように唱えていた。

隣のベッドの方が「私は母を知らない。3歳で母を亡くした。あなたはお母さんの温もりを感じられていいですね」と、声をかけてこられた。

そういえば幼い頃、寝る間際まで遊んで冷たくなった私の足を、どんな寒い夜も拒まずに、浴衣のすそを開けてその温かい股に入れ、大切に温めてくれた母の深い愛を思い出す。

冷たくなった母の足を私の温かい手で包む時、やっと母と一体になれた安堵感に涙が溢れた。

母の容態も落ちつき島へ帰る朝、突然、心臓発作が起こったが、母は苦しみの中でも強い口調で「帰れ！」と、私を叱る。

母の深い愛を感じながら、港へと向かう汽車の中、私は声を出し泣いていた。

「島の高齢者の方を母と思って、私にするのと同じようにするんだよ。そうすればきっと、私にもお前にも良いことがまわってくる」

そう言い続ける母の尊さに涙しつつ、りっぱなおばあさんになった母に「心、元気で」と祈り、その尊さに感謝、感謝。

ありがとうの言葉が春を呼ぶ

島は凛と冷たい風の中で、今日も本土との連絡フェリーが運休になってしまった。

寝たきりのウタさん（92歳）のお嫁さんであり介護者である綾さん（58歳）が退院してこ

られたと聞き、ウタさん宅を訪ねる。

綾さんが留守の間、ウタさんはショートステイに預けられていた。綾さん自身も、10日ほど後には、再度島外の病院に入院して手術をしなければいけないという。その手術するまでの間、ウタさんを自宅にひきとり自らで介護したいと、綾さんは話された。

綾さんは検査入院中、「ごめんね、ごめんね、ばあさんすぐ帰るから待っていてね」と、大きな寝言を言ったという。そして綾さんはこう続ける。

「自分ではそう感じていなかったけど、ばあさんが愛しい。少しでも一緒に居たい。とても厳しいばあさんで、やさしい言葉などかけてもらえることなどなかった。つらくてどうしようもない時、私は一人こっそりと裏山に行って大声を出し、山に苦しみを置いてきていた……。

そんなある日、ばあさんが私の手をとり『ありがとう』と泣いてくれた。私は嬉しくて愛しくて、抱き合っていつまでも泣いた。私はその時から心の春が来た」

そう熱く語られる綾さんの真心にふれて、私の心の中に熱いものが込み上げてきた。そういえばある本の中に「泣くは修行、笑いは悟り」とあった。

何年もの長い間の苦しみ、泣くという修行の後に聞いた「ありがとう」の言葉。

「ありがとう」の言葉こそがみんなの心に春を、愛を連れてくることを教えてくださった
御老人に感謝。感謝

我、生かされて、今ここにあり

心不全で入院した母が食事を摂れなくなってから4日目。医師は淡々と話す。

「延命を希望されますか?」

「いいえ、自然死で」と私も用意してあった言葉を伝える。

いつしか春雷のひびく病室、母は荒々しい呼吸の合間に、時々澄みきった清らかな瞳を私に向け、安堵したかのように、また目を閉じる。しっかりとその手を握る。

私は母の苦しい呼吸をしっかりと受け取り、涙とともに私自身の今までの人生を思い出していた。

「あの寒い日、ぜん息で、医師からもうダメですねと言われた私を、寝ずに看病してくれたね。ありがとう」

「私の入院中、歩くこともままならないのに毎日面会に来てくれたね。ありがとう」等々、母への「ありがとう」を一つひとつ心に重ねる私は、たくさんの涙とともに我が心を洗っていた。

医師が危篤と告げた日から4日間、私はずっと母に手を引かれて、自らを振り返る旅に出ていたようだった。そして私のたどり着いた先は、母への深い感謝と自らの喜ばしい誕生そのものへの感謝であった。

これこそが、母がその身を以って私に伝えたかったこと。そのあまりにも大きな母からの贈物に私は手を合わせた。

親の看取り、これこそ自らを探す旅。生きる意味をその手にしっかりと受け止められる体験であることを、今、母は教えてくれた。

「我、生かされて、今ここにあり」。そう教えてくれた母に感謝、感謝。

母が神様と出会った日

母が危篤と医師に告げられてから今日で4日目。

母の手を離すことなく、じっとその顔を見つめ、私の息を母の呼吸に合わせた日々。その間、私は自らの歓喜に包まれた誕生、そして母への深い感謝の想いに至る長い旅に出かけていた。

それは以前、私が体験した内観（自らの心の内を静かに見つめ、自己のとらわれから解放され幸せになる手法）そのものであった。

母が自らの命を賭けて私に教えたかったこと、その尊い贈物に手を合わせた5日目。生への希望の光を見た母は、酸素マスクをはずすと言う。そして点滴も、もう要らないと言う。

「胸が痛いから酸素をしよう」と勧めるが、首を横に振る。

「神様が一緒だからもう要らない」

そう言うと、しわだらけの手を合わせて合掌する。なぜか母の顔は、急に穏やかに安らかに、そして凛としていた。昨日までのあの苦しい表情は、もう母の顔からすっかりと消えていた。

「誰と居ると楽しい？」と聞くと、「神様」と答える母。危篤と告げられる以前、母は「逝きたい、逝きたい」と言う日々だった。そして死の光の果てに出会った神様。

「この世の物とは思えないほどいい笑顔」

会う人ごとに言われるすばらしい笑顔を手にした母は、今神様とともに生きている。目には見えないその先にこそ、人間を真の幸せへと導く世界があることを、その身を以って教えてくれた母に感謝、感謝。

笑顔で逝った母

日本海の青い海は、今日とても静かだった。

私は、実家の姉の電話の向こうに、心不全で入院中の母の声を聴いたようで、一人フェリーに乗っていた。

本土へ着き電車に乗っていた私の携帯電話が鳴った。

「母さんが……」実家の兄からのものだった。

「今○○駅。すぐ病院に行くから」「どうして本土に？」。それ以上言葉は要らなかった。

病院に着くと、入院中2週間近くも付き添っていた私を知る看護師さんが、次々と頭を下げた。母の病室へ着くと、母は静かに微笑んでいた。

母の笑顔の唇を水で潤す。まだ温かみの残る頬に顔を寄せる。母は未だそこに居た。

先生と看護師さん達は母と私達を見送ってくださった。

母をこの腕に抱き、兄の運転する車で帰路につく。私の腕と胸は、母の温もりをしっかりと受け取り熱いほどだった。

私の腕の中で母は笑っていた。車内は、母の生前と変わらず、とても明るい空気に包まれていた。縁ある者達はそれぞれに、遠方の者は泊まり込んで、近くの者は昼夕の食事介助と、心ゆくまで母の介護を楽しんだ。

母の看取りの中で母と一体になれた私には、母の声が確かに聞こえた。笑顔で逝った母は、私に「死は苦でない」と教えてくれた。そして肉体を手放した母は、今も私の隣で微笑んでいる。

母の日、私はいつものように母の好きなカーネーションを贈った。逝くことは、決して忌み嫌うことでなく、とても尊いことと我が身を以って教えてくれた母に感謝、合掌。

「なごみの里」に天使様が舞い降りて

母が安らかに逝ってから、1カ月以上が過ぎた。

縁ある方々は「淋しくなったね。元気をだして」と励ましてくださる。なんとも有難いことである。

だが私といえば、母が逝ったあの時、この腕に母を抱いた時からずっと私の隣には、母が笑顔で居るので、淋しいと思うことはない。逆にいつも母の笑顔に包まれて、とても安心である。

そういえば、大往生を遂げた修さんの奥さんが、こんなことを言っていた。

「じいさんが死ぬ前は、この人が死んだら、私はこの広い家に一人でよう住めんと思っとった。でも死んだら、じいさんが生きてた頃よりずっと一緒に居るようで、どこへ行くのも一緒でなんも怖いものがなくなった。不思議だね」と。

今まさに私も同じである。母は、私がどこへ行こうとも何をしようとも、私の隣で微笑んでいる。

親の看取りこそ自らの誕生へと遡《さかのぼ》る道と教えた母が、今また私に教える。親の看取りに十分寄り添うことが、自らの心を清め楽にすると。そして逝った人々は、いつも私達を幸せへと導く天使様であると……。

そんな頃、看取りの家「なごみの里」に初めての幸齢者（高齢者）の天使様が舞い降りた。これからの私は、この天使様に導かれて歩かせていただける。本当に有難いことである。

全ての幸齢者（高齢者）の方々に、そして先に逝き私達を幸せへと導いてくださる全ての魂に感謝、合掌。

人は皆、愛の中に

今年も赤い可憐なネムの花がみごとに咲いた。

昨年7月7日、看取りの家「なごみの里」を設立することを誓って、設立趣意書を書いた私だった。

あれから一年、島の集会所を競売で手にした日から今日まで、どれほどたくさんの方々に支えられてきたことか……。

おむつ等紙製品を送ってくださる大阪のお方、川之江のやさしいお方、うどんを毎週15食も届けて下さる京都のお方、お茶ならいつでもと届けてくださる静岡のお方、そして、応援しているからと野菜、魚を置いていてくださる地元の皆様方……。

なによりも、給料も満足どころかほとんど無い中で、志をもって働いてくださるスタッフの3人には、ただ敬い、手を合わすばかりである。

古い集会所は今、愛の中にある。寝たきりの幸齢者（高齢者）の天使様は、たくさんの愛を受けるに値するほど十分に尊い。私達スタッフを「おかあさん」と呼んで心交わらせてくださる時、私はいつも抱きしめながら涙する。

一人ひとりの人間、その80年、90年、どれほど重い日々を越えての今か。天使様を抱きしめるたびに、私には天使様の長い歴史が光って見える。

無条件の笑顔と「おかあさん、ありがとう」の言葉が、看取りの家「なごみの里」に幸せを運んでくださる。人はみな愛の中に生かされているということを、ただ存在することでサラリと伝えてくださる天使様に感謝、感謝。

清らかな瞳の天使に導かれて

講演の旅から戻ると、島はすっかり秋だった。

「なごみの里」の天使様は、今日も笑顔で私を迎えてくださる。そんな天使様のおむつ交換を終えると、天使様の目に今日も涙が光る。

「ばあや、どうして泣くの？　悲しい？」と聞く私に天使様は言う。

（天使様は「ばあや」と呼んで欲しいとのことで、なごみの里ではそう呼ぶ）

「なんも悲しくない。おむつを替えてもらうと有難くて、嬉し涙だ」

「こんなにいつも嬉し涙が出るようになるには、どうしたらいいの？」と問う私に、ばあやは静かに言う。

「簡単だよ。いつも良いことを考えて行うことだ」

「なごみの里」の90歳の天使様の涙を拭かせていただきながら、昨日私は、病気の夫を見舞い、夫の家族の優しさに包まれ、涙が止まらなかったことを思い出す。

言葉を超えた愛のエネルギーに包まれた私は、どんな言葉も口に出来ずに、ただ涙だけが頬を伝った。

愛を感じる暮らし、この日々の積み重ねこそが生きること。そう天使様は私を導いた。ばあやの光る涙こそ90年の積み重ね。愛を感じる心を育てて来た証。

愛を感じる心。こんなにも大切なことをさりげなく教えてくださる天使様に感謝、感謝。

愛の論理

今朝も私は、居間に掲げたマザー・テレサの温かい眼差しに祈る。

看取りの家「なごみの里」を開かせていただくことになった私は、自ら清貧の中に住むようにと導かれ、支援者の漁師さんの納屋の2間を間借りすることとなった。

それでも私には勿体無い。なごみの里の職員の中には、1間だけの間借りの者もいる。

なごみの里の幸齢者（高齢者）の天使様は、今日もそんな私達を笑顔で包んでくださる。

天使様の持ち物は、その時期の衣類だけ。欲は無く「ありがとう」の言葉と笑顔が財産だ。

「今日も目が開いた。有難いね」

この一言が人として生きる原点。そんな中で、私はマザー・テレサのこんな言葉と出会った。

「持ち物が少なければ少ないほど、多くを与えることが出来ます。矛盾としか見えないことでしょう。でもこれが愛の論理なのです」

今、私はこの言葉に導かれて歩いている。

私は支援者のお一人お一人から真心を頂く毎に、自らの余分なものがそぎおとされていくのを感じる。そして幸齢者（高齢者）の天使様がマザー・テレサの言葉に力を与えてくださる。

天使様の物にとらわれない深い笑顔の持つ力こそ愛そのもの。すべての人々をいやす大きな力を持っている。こんなにも多くを与えてくださる天使様に感謝、感謝。

愛を重ねる生き方

夕日の中、美しく光る海の面に、勢いよく魚が飛び跳ねる。それはまるで、なごみの里を励ましてくれるかのようだ。

そんな夕暮れ、私は1本の電話を受けた。プルデンシャルボランティア賞に、16歳のなごみの里のボランティアさんが選ばれたとの知らせだった。

今年4月、高校受験に失望した彼女は、自ら選んでこの離島の看取りの家「なごみの里」に自分探しに訪れた。

彼女の役割は、まずは料理番。時間をかけて真心をこめて作る料理こそ、幸齢者(高齢者)の天使様の命を支える大切な仕事だと学んでいく。

いつものように近くの漁師さんが、今捕れたばかりの魚をなごみの里に届けてくださった。都会から来た彼女は、生きた魚に息を呑んだ。まな板の上で魚は飛び跳ねる。

一匹目、二匹目を私がさばき、彼女の前に魚を差し出す。

「私には出来ません」と言う彼女が、大粒の涙を流しながら、その魚を見事にさばいた時、彼女は自らが生きることの意味を学んだ。

また、掃除機を使わないなごみの里の掃除では、彼女の心が整わなければ、ほうきで掃いても塵が舞うばかり。ある朝、心静かにほうきを使う彼女の姿が見られるようになっていた。そんな中で、私はマザー・テレサの次の言葉と出会った。

「私達の仕事は、職業ではなく生き方なのです」

小さな離島でこんな大きな賞を頂けたことは、まさに幸齢者（高齢者）の天使様の笑顔に導かれてのこと。その愛深き天使様の笑顔に感謝、合掌。

10

やさしく　やさしく　やさしく　ありがとう

悲しみに涙を流す瞬間、進む道を見失う。
一人では生きられない、
愛する人の笑顔に出逢い、
許すことが生きる意味、
そして自由。
やさしく　やさしく　やさしく　ありがとう。

愛を伝える手

島では嵐が船を止め、島民は「待つ事の尊さ」を学ぶ良き季節となった。そんな時化の中、看取りの家の「なごみの里」に3人目の天使様が舞い降りた。天使様の表情は深い愁いをたたえ、濁った海の底のようだった。ここにたどり着くまでの数カ月の間に、施設・病院を転々となさり、やっとここ「なごみの里」へ辿り着かれたのだ。80歳を超え、どれほどの試練を超えてこられたことか……。トイレの位置が変わり、寝床が変わる。接する人の顔もクルクルと変わる。長き日々、住み慣れた我が家を離れ、見知らぬ所で見知らぬ人と暮らす。

私は以前、入院した時のことを思う。日常的な全ての場所が変わり、細やかな一つひとつが変わる。私ですら辛く戸惑ったものだ。幸齢者（高齢者）の天使様の心が、出口の無い光を求めてさまよったとしても無理はない。

天使様は私の手をとると、もう放すまいと、一日中その手を握り続けておられた。言葉を交わさずとも、私の心は温もりに満たされ、とても安らかで穏やかだった。その温もりに、私の涙は止まらなかった。

その夜、島は嵐の中にあった。漁師さんの納屋を住まいとする私の寝室に雨漏りがした。私の心は、その雨音すら楽しめるほどに温かかった。

幸齢者（高齢者）の天使様の注いでくださる愛は、その「手」をとおして、私の心に霊的、精神的な豊かさを届けてくださる。物では埋めることの出来ない心の豊かさを、惜しげも無く差し出してくださる御老人に感謝、感謝。

愛の中の淋しさを尊さに

厳しい冬嵐の中、重度介護の幸齢者の方々と共に楽しい時を過ごしている。そんな中、重度障害のために発語の無い武田さん（81歳）。入所以来、ほとんどベッド周辺での暮らしの中で、武田さんの楽しみは食べること。私達は、言葉を超えた魂の交流を重ねる日々であった。

ある朝、突然、武田さんの体が動かなくなる。身体が硬くなっていた。すぐに村の先生の往診を受ける。先生は淡々と話された。

「病院に移送されますか？　それともこのまま、なごみの里で最期まで……」

しばらく窓を打つ風の音だけが響いていた。その日、既に隣の島からの船の便はなく、ご家族は翌朝、なごみの里に来られ、なごみの里で最期までと、決意のほどを語られた。

「淋しいですね。昨夜は薬を使っても、どうしても眠れず……」

高齢の奥様は、繰り返しそう言って涙した。

その夜、若い男性職員にそのことを告げる。すると職員は、すぐに言う。

「淋しいですね。死の時より、今覚悟した時の方が淋しいですね」と。

私も同様だった。これから死に向けて、共に歩きながら幸齢者の天使様の幸せだけを見つめ、寄り添っていこうと話す。

マザー・テレサの言葉の中にこんな言葉がある。

「人は最期の輝きの中で、応えあうものがある」

今私達は、その尊い時を幸齢者の方に与えられ、言葉ではない魂を響かせながら歩いている。死を分かち合い、淋しさを愛に換えて……。

愛の中の淋しさこそ尊い時にかわることを教えてくださった御老人に感謝、感謝。

朝は頂きもの

海からの風が激しく、古いガラス窓を打ちつける。

「なごみの里」の幸齢者の方の死に向き合い、眠れない夜を過す。ほんの一日の間に生と死を見せてくださった武田さん。

私は看取りの家「なごみの里」を開き、幸齢者の方と生きるようになってから、二軒隣の漁師さんの納屋を間借りしている。夜、急な事があった時すぐに駆けつける。

これこそがわたしにとって、最も大切なことだ。

幸齢者が入所された夜から、私はいつも洋服のまま床に就く。そして電話と携帯電話を枕元に置く。電話で他の方と話していても、なごみの里からの連絡が取れるようにと。

この夜、私は祈るばかりだった。そして長い夜の後に訪れた朝。何事もなく朝を迎えられることの喜びを、私はこの胸一杯に受け取り涙した。

昨日とはうって変わって、太陽は凜とした風の中で微笑んでいた。何事もなく朝を迎える。これこそが奇跡。朝が来ることの尊さを体験出来る幸せに、手を合わせた。

いつか読んだ本の中に、〝朝は頂きもの〟という言葉があった。人として生まれた時から、みなが等しく死ぬことを約束されている。ややもすると、自分だけは違うと、死をどこか遠くに見て生きていた私であった。

今、看取りの家「なごみの里」を運営する中で、この約束をいつも隣に置くことのあり難さを思う。

武田さんは今、みごとに回復され、いつものように言葉を超えた交流を続けている。

毎日まるで元旦の朝のように喜々として目覚め、生かされていることに感謝出来る人間に育ててくださった御老人に感謝、感謝。

心の窓

今年も正月二日、大漁旗が風になびく。

何艘もの船の色とりどりの大きな旗。私までもが、今年も幸多かれと祈る。

小雪のちらつく窓の外を見ながら、ハルさんと話す。

「同じわしが生んだ子でも、同じこと言っても有り難うととる子もいれば、嫌だととる子もいる。その子の心だな」

「ハルさん。いつも良いこと教えてくれて有り難う」

「わしの言う心、あんたの聞く心。有り難うよ」

そんな話をしていると、お嫁さんの恵子さんの声がする。この小雪の中を歩いてハルさんに会いに「なごみの里」を訪れる。手に持つ息子さんの採ったサザエの袋も、雪を被って白かった。

恵子さんはしばらくハルさんと話していたが、ハルさんは私の姿を見ると、恵子さんに言った。

「ようしてくれてな。有り難いわな」

それから、ゆっくりと地元の話をされるお二人は、自宅に居る時と同じように、私には見えた。そして昼食の時間が来た。

「ご一緒に食べていかれませんか？」と恵子さんを誘うが、帰るとのこと。

「帰りは雪がひどいから送ります」

そう言うと、私はハルさんの昼食の介助についた。

恵子さんの声が台所から聞こえる。しばらくすると、今まで恵子さんと話していたボランティアさんが私に言った。

「恵子さん、『帰る』と言うと、口元に人差し指でシーとしながら帰られました。『柴田さんが送ると言われるから……。宜しく言ってください』と言われました」

この嵐の雪の中を歩く恵子さんのやさしさに手を合わせた。

真のやさしさとは、いつも心の窓を開き、我が身を使うところにあることを教えてくださった恵子さんに感謝、感謝。

障がいは誰の為に

ワカメが旬をむかえ、島は磯の香りに包まれる。

フェリーから降り立ったその青年は全盲。タラップの上で人を掻き分けて、彼の手をとろうと手を伸ばす。青年はその身を、まだ見ぬ初対面の私に惜しげもなく預けた。その瞬間、私は青年の命の重みそのものを受け取り、感動の涙が流れた。

青年は東京の青年奉仕協会で、看取りの家「なごみの里」のことを聞き、連絡をくれた。

「私は目が見えません。でも何かお役に立てる事があるのでは……」

障がい一級だと言う。私の答えは決まっていた。

「来てください。あなたは目が見えないだけ。私達はもっと個性的な方と暮らしています。大丈夫。あなたが準備するのは勇気だけ。お土産には、勇気だけを持って来てください」

あの時、青年は電話の向こうで泣いていた。

私は未だ幼い頃、母と出雲大社によく行ったものだ。

鳥居の下に、戦争で障がいを負った方々が、白装束で立っていた。母は決ってその方々の前に立ち、手を合わせ小さな箱にチャリンと入れた。そして私に言った。

「この方々は、私やお前の分も負ってくださっている。障がいをもつ人と私、これが人だ」

チャリン、チャリンと言う音だけが私の脳裏に焼きついた。

今、目が見えない青年が居る。そして、見えるからこそ迷う私がいる。青年は、見えて迷う私の支えになる。私は青年の目になろう。それはごく当たり前のことなのだ。

何十年もの時を越えて、私のこの身に流れる母の想い。青年の手を引き、看取りの家「なごみの里」に着くと、奥の部屋からハルさんの声がする。

「誰か～」ハルさんの手となり、足となることの喜び。

この使命に感謝、合掌。

愛は時間を注ぐ事

桜の花びらが潮風に舞う。看取りの家「なごみの里」は連日花見である。

朝からおにぎりを作り、車イスを押して花びらの中で昼食をとる。まだ島は肌寒いが、時折のぞく太陽の下で皆の笑顔がほころぶ。

そんな中、私は、皆が折った千羽鶴を手に、鹿児島に向けてフェリーに乗る。

渡すのは、筋ジストロフィーという難病を友としながら、30年以上もの長き入院生活をしながらも前向きに生き、「なごみの里」を支援してくださる志風忠義様。

昨年暮、私達は寝たきりの志風さんとその仲間から一台の車イスを贈られた。

その真心に答えたいと、知恵を出し合って作った千羽鶴。決して上手くは出来なかったが、「なごみの里」のみんなは、「郵便で送るのではなく、代表して真心を直接届けて欲しい」と言う。

志風さんの病室を訪ね、千羽鶴をお渡しすると、志風様は声をつまらせ、涙ぐんでおられた。

帰りの高速バスの中、一夜で何度も体位交換のためナースコールを押すと言いながらも、肉体に囚われず喜々として話される志風様のお姿を思い、溢れる涙を止めることは出来なかった。お会いできてよかった。しなやかに、優しく、穏やかに、微笑んで生きたいと語られるそのお姿は、これからも私を励まし勇気を与えるであろう。

愛とは、持てる時間を注ぐことと教えてくれた「なごみの里」のみんなに感謝した。

肉体に囚われない、心の強さを見せてくださった志風様に感謝、合掌。

心に光を

春の海は太陽の光に照らされ、本当に美しく光る。

私は、松江での講演で、母の入院していた病院の看護師長さんに励まされ大きな勇気を手にした。

翌日、感動を胸に、看取りの家「なごみの里」への新しい入居者、新木ナツさん（84歳）を松江の病院に迎えに行く。この病院に通うのは、今日で3日目。ナツさんは、やっと私の顔を覚えてくれた。

これから生活を共にする者の顔すら知らないことは、どんなにか不安なことだろう。私の顔を見て笑顔を見せてくれた時、この方との生活が少しばかり見えてきて、私自身安堵した。

「一緒に島に帰りましょうね」

ほとんど看護師さんと口をきかないナツさんは、

「島に帰ると思って頑張っている」と一言だけ答えた。

そして持っていたプリンを「うまいな～」と嬉しそうに食べると、ゆっくりと目を閉じた。

病院では、ナツさんの心は遠い知夫里島においてあるかのように、いつも空ろだった。

病院から心優しい福祉タクシーに乗り、港へ着く。春の穏やかな海を、フェリーに揺られ、車イスのまま、フェリーが港へ着く。

「ほら。ナツさん。知夫の海だよ」

私がそう言うと、ナツさんの目から涙がこぼれていた。

フェリーの扉が開き、辺りに太陽の光が差し込んだ時、ナツさんの瞳は輝いていた。病院で会ったナツさんは、看取りの家「なごみの里」には居ない。

毎日喜々として暮らすナツさんの姿に、84年の島での暮らしを想う。島の声に目覚め、潮風の中で生きる日常を取り戻したナツさんは、人は心で生きていると教えた。

人が生きるとは、いつも心に光を持つことと教えてくださった幸齢者の天使様に感謝、感謝。

言葉にしない優しさ

島では、幸齢者（高齢者）の車イスの背を押す全盲の職員、寄川青年の姿が見られるようになった（もちろんその側には、もう一人の職員が見守っている）。

潮風が心地良い。若くしてご主人と別れ、気丈に子供さんを育て上げた、認知症で男性嫌いの静香さん。

「また、あの者がいる」とにらむ。

「ばあちゃん、あん人もここに居る人。ばあちゃんと同じここの人だよ」

（施設ではこう呼ばないようにと言われるが、なごみの里では、本人の希望で「ばあちゃ

ん」と呼ぶ）

毎朝同じ会話が繰り返される。

私は、障害者という前に人間として、幸齢者という前に人間として、尊厳を守る暮らしをしたいと願い、ボランティア希望の寄川さんの採用を決めた。彼の姿を見るたびに、私をそこへと導く彼の障害に手を合わせている。

そんな中、精神障害を持つ新木ナツさん（84歳）の側に、食事介助のため寄川さんが座った。二人の間には、意味の通わない言葉が行き来し、言葉には心だけがのる。食事も終わり、寄川さんが立ち上がる。

すると突然、ナツさんが叫ぶ「気～つけや～」

彼のすぐ前に衝立があった。その場に居た誰もが、思わずナツさんを見つめた。

私は駆け寄り、ナツさんに問う。

「ナツさん。あん人、目が目見えんの解ってたの？」

「いいだわい」（ことさら見えないと口にしなくてもいいんだよ）

ナツさんの優しさに触れた寄川さんは、大きな勇気を手にした。

彼は介護という新しい世界に身を置き、障害を持つ身で何が出来るかを探していたが、ナツさんの一言に救われた。

その日を境に、ナツさんに寄り添う寄川さんの姿が見られるようになった。

障害者という天使様に感謝、合掌。

便器掃除と心磨き

太陽に向けて真っ直ぐに咲く、姫ひまわりの花の季節になった。

日本を美しくする会、鍵山相談役の薦めで、神奈川掃除に学ぶ会で講演した翌日、この会の350人もの人達（そのうち小学生は数人で、ほとんどが会場の小学校とはあまり縁のない人達）と、早朝よりトイレ掃除を始める。

一人に一個便器を与えられ、一人二時間黙々と磨く。一カ所50回、ただただ磨く。二時間経ち、便器がキラリと光るのを見ながら、自らの心も光るように思うのは私だけではないようだ。その時私は、この満足感は、日々の介護の世界で、便が出てその始末を終えた後の清涼感と同じ、と感じたものだ。沢山の便がオムツの中にある。優しく拭き取り人肌のお湯で洗う。

そんなことを感じながら、次の講演先に向かう。

話し終えると、去年も私の話を聞いてくれた姫路市特別養護老人ホーム「しかまの里」事務長、今井貞泰さんは熱く語る。

昨年私の講演を聴いた後、老人ホームでターミナルの方がでた。

「今までなら迷わず病院に送るところを、なんとか住み慣れた老人ホームで看取りを出来ないものかと頑張りました。御家族そして寮母さん、みんなが一丸となって最期まで看取りました。本当に大きな感動でした。これからも老人ホームでの看取りを続けます」

今井さんの熱き思いに、その場に居た誰もが感動した。

思えば福岡の老人ホームに居た時、「ここで死にたい。顔を知らん人ばっかりの中に行きたくない」そう言う幸齢者の声を聞くことに耐えられなくなり、この島に来た私だった。

年をとっても、障害があっても、その最期まで私達と同じ人間なのだ。

島に戻るとハルさんが言う。

「お帰り。淋しかった。年をとると淋しいもんだ」

そして手を握る。私の心の底が熱くなる。

人間としての尊厳、こんなにも大切なことをいとも簡単に教えてくださった幸齢者の天使様に感謝、合掌。

愛こそが生きること

幼い頃、父は私の手をとり「ありがとう」という言葉を残し、何とも美しく、そして安らかにこの世を去った。そして時は流れ、私は多くの苦難の中にいた。

そんな中で、私は「愛こそが生きること」という内なる声に励まされた。美しく、そして潔く逝った父は、私を介護の世界へと導いた。

人間として美しく生きること、愛すること、そして死ぬこと。御縁をいただいた多くの幸齢者の方々は、私にたくさんの学びをくださった。

その学びの一編ずつを「介護日記」として毎月書かせていただくようになってから、八年もの月日が流れ、日記は百編になった。今回それをまとめて小冊子にしていただき、皆様のお手元にお届けできることに深く感謝している。

制作に当たり御尽力いただいた有限会社篠原ホームサービスの篠原社長御夫妻、そして、毎月この介護日記を読み、支えてくださった皆様との御縁に、ただただ手を合わせるばかりである。

太陽さんの光に愛され、こうして御縁を頂く方々に愛されて、いたらない私だが今日も生かされている。頂いたたくさんの愛を、一人でも多くの人に少しでもお返し出来たらと、今も介護日記を綴っている。

この介護日記を読み、一つひとつの命の尊さと、生きることのすばらしさを感じていただければ幸いです。

心静かに、生きとし生ける者、全ての平安を祈りながら感謝、合掌。

柴田　久美子

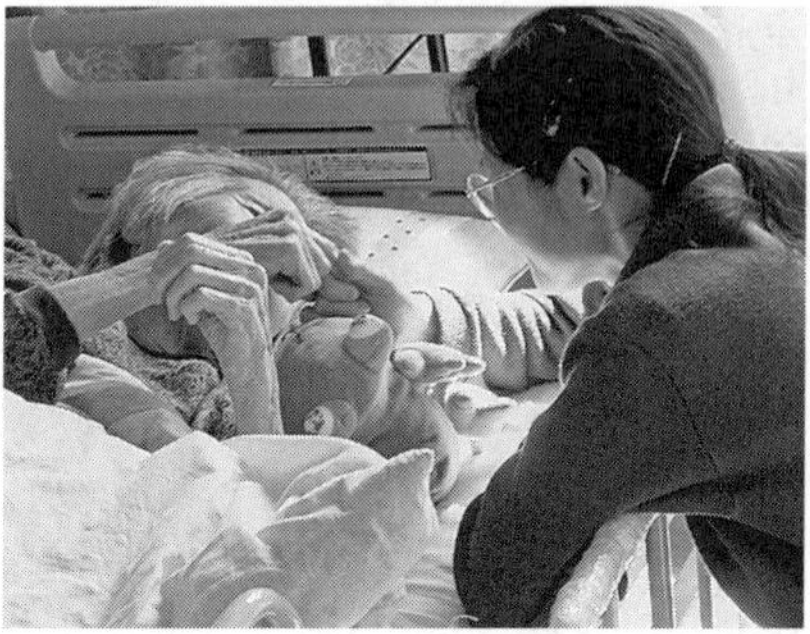
なごみの里

看取りは第二の誕生

人は、抱きしめて看取った後、
世界はもう一度輝きます。
風景は今までより鮮やかにあなたの目に映り、
花々は美しく咲き乱れ、
木々のざわめき、
鳥のさえずりがやさしくあなたを包みます。
そして、心の奥底から湧き出る言葉
「ありがとう」

介護日記から「看取り士日記」へ

介護日記を書き始めた1998年、私は人口800人ほどの離島へ移住しました。そこは病院も老人ホームもない島でした。医師に診てもらうのは臨終のその時だけと、何とも潔い村民たちが凛と暮らす島でした。その島でまずホームヘルパーとして働き始めました。

そして2002年、島に看取りの家「なごみの里」を開設しました。限りなく本人の尊厳を尊重する、そんな最期を実現することを目指しました。

ご家族がいない方には、自然死で抱きしめて私の腕の中で最後の呼吸をしていただくことを実践しました。そして私は9年間、島で看取りの家を運営、その後、本土に渡ります。

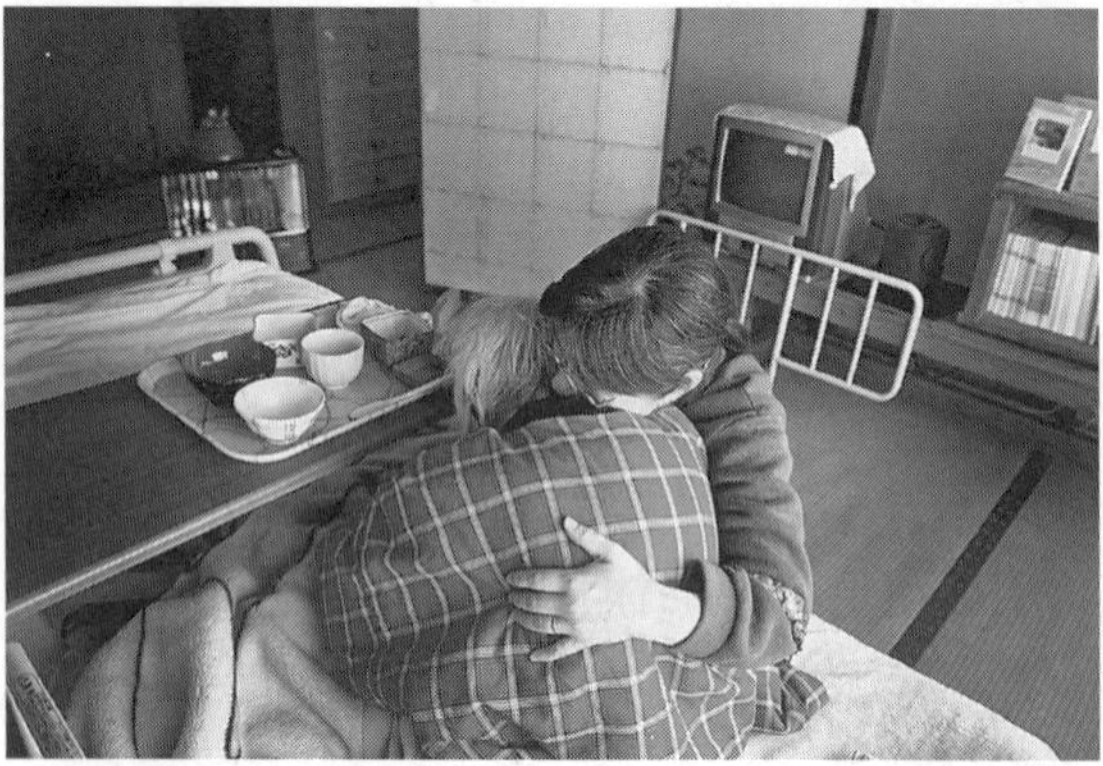
抱きしめて

２０１２年に日本看取り士会を設立、看取り士と無償ボランティア・エンゼルチームの仕組みを創り、新たな終末期モデルを作ろうと活動を続けております。

その中で出会った看取りの場面の学びを、介護日記から『看取り士日記』と名前を変えて書き続けていきました。

そして今、看取り士日記は、私だけでなく担当看取り士が交替で「日本看取り士会」のホームページに毎月連載しています。ここでは最近の一部をご紹介しますので、詳しくお知りになりたい方はホームページ（http://mitorishi.jp/）をご覧ください。

いのち喜んで、支えあって生きる

コスモスの花が美しい季節に心安らぐ。

シングルマザーの女性からの依頼。5歳の息子さんが緊急入院を余儀なくされて入院。24時間付き添いのために、シャワーの間、病院での付き添いを交代してほしいとのことだった。

幼い子供さんの苦しみ・痛みは、若いお母さまの苦しみ・痛みそのもののように見えた。母の愛は深く、切ない。「大丈夫です」と背中をさすりながらお母さんに触れると、その辛さが軽くなったかのように笑顔を向けられる。

一人では生きていけないのが人間。若いお母さんの心の余裕が、幼い子供さんの笑顔に変わる。支える人には支えが必要と言われているが、その言葉をまた教えられた。

翌日、秋晴れの空の下、久しぶりに寺田一清先生にお目にかかる好機を頂く。寺田先生との出逢いは今から20年ほど前にさかのぼる。離島で看取りの家「なごみの里」を営む私に1本の電話があり、とても凛として美しいお声で「柴田さん、天分塾に講演に来てください」と。ご紹介者は「日本を美しくする会」の鍵山先生だった。

寺田先生は29歳のときに森信三先生（日本の哲学者・教育の神）と出会われた。その時から自分の人生が大きく変わったという寺田先生のお話の中で、私達は言葉の宝石をたくさんいただいた。

「何が一番大切ですか？」の質問に、寺田先生は明確に、「立腰」と答えられる。そして、生活の3か条として、

1．足を組まず
2．腰を立てる
3．愚痴を言わず

この短い文字の中に全てがあると、お話しくださる。閉塞感のある日本だが、森信三先生が晩年、「日本は、2025年に立ち上がるであろう。その再生の原動力になるのは二宮尊徳の教えに基づくものであろう」と予言された話もあった。

瀬戸の海はキラキラと輝いて、日本の明るい未来を語るかのようだった。小さな少年の病室に詰めていた私にとって、何よりの恵みだった。

たくさんのご縁の糸が織り上げてくださる私の人生を、最期のその時まで美しく導いてくださる方々に感謝、合掌。

担当看取り士　柴田　久美子

コスモスの花が秋風に揺れ、心を軽くする季節

「第5回日本の看取りを考える全国大会」が神奈川県大和市で開催された。400名を超える皆様が会場にお越しいただいた。当日まで動員に明け暮れた日々だった。日本看取り士会が、始まって以来の大きな会場に、どれだけの方々がお越しいただけるのかとても気になった。

本大会の開場前、スタッフから「待たれるお客様の熱気でムンムンとして、体調を壊される方が出るほどです。予定より早く開場しました」と報告を受ける。モニターで眺める私の目に、たくさんの方々が入場される姿が映る。喜びのあまり涙が頬伝う。

思えば「第1回日本の看取りを考える全国大会」を開催した時、まだ看取り士さんは100

人にも満たなかった。看取り士さんだけでの開催はできず、多くの方々にご尽力いただいた。

そして今回、４００人を越える看取り士さんの力を肌で感じる大会となった。

開会とともに、美しく艶やかな花柳柳優様の日舞「藤娘」。榎木孝明さんの基調講演から始まり、例年通り、シンポジウムがスタートする。座長に奥先生、船井勝仁先生、田ノ上先生、看取り士の泉山先生、看取り士の清水さん。

楽屋では、毎年一度顔を合わせる先生方は少年、少女のようにはずんで見えた。その楽しい想いは会場の皆様にも広がり、看取りという、ややもすると暗い話が、温かさにあふれた。そして最後は、鬼塚さんのピアノ。私が作詞した「やさしく　ありがとう」が会場を、さらに温かいものにしてくださった。

まるで織物の縦糸と横糸がゆっくりと織り込まれていくかのように、皆様の真心がやさしく、やさしく、やさしく会場に広がった。

安堵して岡山に戻った私のもとに、1本の電話が入る。64歳の女性からだった。

「93歳の父が、もう点滴も入らず……。助けてください」

命の瀬戸際で私を使ってくださる方々に深く感謝して、今日も祈る。

全ての事柄が、抱きしめて看取った多くの方々のお力、そしてご縁をいただく全ての皆様のおかげと深く感謝、合掌。

担当看取り士　柴田　久美子

時が満ちて

野原一面の白詰め草の花が希望や幸運の運んでくれる季節になった。

もう10年以上も前からご相談を受け続けている介護者の61歳、女性からのご相談。

「柴田さん、母が食事がとれなくなった。眠る時間が増えたの。後1カ月かもしれないとわかっているけど、希望を捨てたくないの。周りの人たちは私に受け入れなさいと説得する。この気持ちをどうすれば理解してもらえるの？」

困惑の想いがあふれ、泣きながらの相談だった。

母親は「横になるね」と言ってすぐに眠る。「お母さん、起きて」と背中に手を入れると、『起きてるよ。大丈夫。まあーだ、死なないよ』と、微笑みを返してくれる。その繰り返しとおっしゃる。

「施設の人は『もう充分ですよ』と私を説得される。でも、それがとても辛い」と涙があふれていた。

母と子。私も母を看取り、子の辛さを知る。胎内にこの命を宿し、十月十日を母の一部として生きてきた子ども達と、一時を共にした介護の方々と同じはずはない。子供達も母の旅立ちを前に、出産に臨む母のように時が来れば覚悟ができるもの。

「あなたの想いのままに寄り添い、悔いの無い時間にしてくださいね。あなたのお母様だもの。宝物を大事に抱きしめることは誰も止められない。大丈夫です」と伝えると、笑顔が戻る。

看取りの活動をして27年。この尊い場面を1人でも多くの方に理解していただきたいと、今年は時が満ちて、映画制作に力を入れている。

旅立たれた方々の深い慈愛の中で生かされていることに感謝、合掌。

担当看取り士　柴田　久美子

言葉にできない感動

紅のつつじの花が鮮やかに美しい頃だった。

先月、旅立ちのあった奥様を訪ねた。

小さな仏壇のやさしい笑顔の健さん（享年66歳）にご挨拶をさせていただく。

みんなの話の間中、健さんの大好きだった愛犬ふーたは奥様の腕の中だった。

旅立ちの様子を淡々と語られる奥様の様子に安堵する。奥様がはじめてベッドで添い寝をなさってその早朝だった。眠っている間に奥様に抱きしめられたまま、健さんは旅立たれたという。


「柴田さん、ここに主人がまだいるようです」と終始、笑顔で話される。

「大好きだったビール、毎日変えたほうがいいですか？」

「お花が痛むので、ブリザーブドフラワーです。大丈夫でしょうか？」

と、次々に質問をなさる。

「居間に置いていたベッドも片付けました。大きなテーブルも、もう私ひとりでは大きすぎて、処分しました。居間には何にもないんです。でも主人は変わらずいてくれるんです」

と。そして最後に「柴田さん、私は一人ぼっちになりました。私を看取ってください」と言

われる。

「主人が柴田さんを紹介した時、看取り士さんはもうひとりの家族だよと言いました。そ

の言葉の意味を、主人が亡くなって初めてわかりました。主人は私が一人きりになることが

分かっていて、柴田さんを紹介したのですね」

健さんの言葉の深い意味を、そこにいた誰もが強く感じる。言葉にできない感動、温かい

もので胸はいっぱいになり、皆で泣いた。健さんの深い愛がその場にいた皆の心に届き、幸

せに包まれた。命は永遠であることを、また教えられる。

旅立たれて2カ月、奥様と健さんの交流は深まっていた。

「夜になると二人で長く話すんですよ」と言われたように、看取りは旅立ちの後もたくさ

んの導きをくれる。

看取りは熟成していくもの、命は永遠と教え導いてくださったお二人に感謝、合掌。

担当看取り士　柴田　久美子

命に向き合う

寒風の中、椿の花が凛と咲き、潔く生きよと教える。

旅立ちの10日前、一人暮らしのアパートで和夫さん（66歳）は倒れていた。すぐに救急車で搬送、緊急入院。看取り士の派遣依頼を受ける。救急外来で告げられた医師からの言葉は、余命数日という残酷な宣告だった。

「自分が傍に寄り添ってあげたい。でも介護が必要な家族がいるから、自分の代わりにできるだけ看取り士さんに傍に寄り添って欲しい。そして、安らかに死を受け入れられるように働きかけて欲しい」と、妹様からの依頼だった。

和夫さんは、ご自身の体調が良くならない不安、病院側の対応への不満などを訴えていた。しかし、日が経つにつれ、ご自身の肉体の限界を受け止めざるを得ず、傍に寄り添う私やエンゼルチームの皆様に、徐々にご自身の気持ちを打ち明けてくださる。

10日が過ぎた朝、妹様から急変したとの知らせを受けて病室に向う。声がけをすると、ぎゅーっと強く手を握り返してくださる。呼吸は明らかに変化を見せ、旅立ちが近いことを示していた。

妹様は膝枕をして和夫さんを抱かれ、頭をやさしく撫でられる。

「頑張ったね。よく頑張った。思い通りの人生だったよね。最期の最期まで自分らしいね」

妹様の膝にしばらく抱かれ、穏やかな時間が流れた。無言で語り合うお二人の姿はひとつになり、永遠のものに見えた。

妹様が病室を出られてから1時間後。呼吸がさらに変化し、心電図では脈が乱れ、反応がなくなった。妹様に電話をし、受話器を耳元に置いて、最期の最期まで和夫さんに声をかけてもらう。

「大丈夫だよ。安心して。お父さんにもお母さんにも迎えに来てもらうように頼んだから。よく頑張ったね。ありがとう。もういいよ」

その声はしっかり届いていた。

心電図ではもう0という数字が表示されていたが、両手をすーっと挙げて、ガッツポーズの動きと、子供のような笑顔を最期に見せてくださる。あとから駆けつけた弟様にも、しっかり腕に抱いていただく。

最期の最期まで自分らしく生ききった和夫さん。そして最期まで一緒に命に向き合い、ただただ愛を届ける姿勢を学ばせていただいた皆様に感謝、合掌。

担当看取り士　清水　直美

愛は穏やかに

寒さも緩み、春の気配が感じられる頃。

入退院を繰り返している旦那様の容態が悪化し、一時は諦めたが「帰るなら今しかない」と決心された奥様から、相談のお電話が入った。

入院先に申し出てから次の日に、自宅に戻る準備が整う。旦那様は、すでに発語がない状態だが、奥様が声をかけると目を開けて反応する。初めての訪問から約1週間が過ぎ、今後どうすればいいのか、ゆっくりと教えて欲しいということで伺う。

入院中から数えて、何も口にしていない状態がすでに2週間が経過していたが、肌の血色はよく、艶やか。肺炎を起こした後だが、呼吸もとても穏やかで規則的。

しばらく呼吸を合わせ、お身体に触れさせていただく。

「これは嬉しい展開です。時間がないと焦っていたのですが、最後に主人との時間をゆっくり過ごすという贈り物をもらいました」

そうおっしゃられる奥様に、今の状況やこれから考えられる変化についてお話をする。

「そういった話を誰もしてくれないので、何をしていいのか、分からなかったんです」

その後は、奥様の背に手を添えながら、お二人の出会いのお話や、関わってきた方々との思い出話をお聞きする。

病院から自宅に帰られて、11日目。

旦那様は静かに息を引きとられた。

奥様の受け入れの準備が整ったのを見計らい、旅立っていった旦那様は、生き切って奥様へ愛を渡していらっしゃったのだと感じる。

こころやさしく穏やかに、お二人の深い愛に寄り添わせていただけたことに、心から感謝、合掌。

担当看取り士　清水　直美

暮らしの中で

なずなの花の可憐さに、捧げる愛を教えられる季節。

「父を退院させて、自宅に帰ることにします。来週の医療、看護チームの方たちとの在宅看取りの為のカンファレンスに参加していただけないでしょうか」と依頼が入る。

一か月前、お父様のガンの再発後、考えに考えた結論は、無理矢理生きさせたくないということ。

医療をどこまで使って納得できるのか。どこまでがんばらせるのか。枯れるように自然にと覚悟を決められた娘さんご家族とお父様の想い。この地域の方々の温かい人柄に救われ、受け入れてもらえるのだろうかという不安は一瞬で消えていった。

翌日から、娘さんとお父様の自宅での最後の一週間の暮らしが始まる。

「父の家で暮らせる時間は、もしかしたら私にとってゆっくりできる時間になるのかもしれません」とおっしゃる娘さん。

父はいつもそこにいたという、机の見えるすぐ横の居間のお部屋に、ベッドを据えられた。

訪問看護師さんは毎日、ヘルパーさんも日に3回入ってくださることになった。

お好きだったというベートーヴェンの「田園」が流れている。枕元の金魚鉢には金魚がゆらゆらと泳いでいる。明るい日の光と、温かくて静かな場が整っている。

三日後、離れて暮らすもう一人の娘さん、そして一緒に暮らした三人のお孫さんたちにも死生観を伝えて欲しいから……と再びお伺いする。娘さんは、長い間の嫌だったことやいろんな想いを、お父様に一方的だったけど話ができて、清々しいと話してくださる。

二日後、最期は「田園に住みたい」と望まれた空気の澄むこの場所から、満天の星空へ静かに旅立っていかれた。

お医者様が帰られたあと、おじいちゃんと男同士でお風呂に入るという大役を仰せつかっていた、まだあどけないお孫さんが、宿題を終えてベッドの下で眠り始めている。

いつもの暮らしが続いている。

それぞれの人に役目があり、活かしつながれることの素晴らしさを、身をもって教えてくださったお父様とご家族に、ご家族に関わってくださった全ての皆様へ感謝、合掌。

担当看取り士　岡　亜佐子

最期の温もりに包まれて

うぐいすの鳴き声に春の足音が聞こえる季節。

93歳の誕生日を迎えて約一カ月。突然の意識消失で救急搬送された祖母は、ガンの転移、心臓の機能低下により、老衰になるだろうと医師から説明を受けました。3年ほど前に胆石症で手術をしており、その頃、ガンの告知と、半年程度の余命宣告も受けていました。そのため、延命治療は望まないことをお伝えしました。

私が小学校高学年より同居し始めた祖母。畑や花が好きで、暑くても寒くても朝から晩まで庭で土いじりをしていました。普段背中が曲がっていても、山へ山菜取りに出かけると、背筋が伸び、いきいきとしていました。

残された祖母との時間を大切に、病院で毎日触れ、呼吸を合わせ、声をかけました。ガンの痛みを感じているのか、苦痛な表情を見せていましたが、看取りの作法を取り入れると、穏やかな表情に変わっていきました。

祖母が育てていたカボスを手に持ってもらったり、祖母の住んでいた山が見える位置に咲いていたコスモスを持っていきました。臨終の後、好きだったブドウの果汁で口腔ケアを行い、私の車の助手席に乗って自宅へ帰り、柚子の香りの入浴剤を使って清拭をしました。不思議なことですが、真夜中の運転中、祖母に見せたかった景色の場所では霧がかかりました。臨終後、紫色の着物に袖を通し体位変換をした際には、二度も声を聴くことが出来ました。表情も柔らかく、祖母からの「ありがとう」がそこにありました。

朝日が差し込むまで隣に寄り添い、手をつなぎました。「大丈夫」「ありがとう」。たくさん祖母に伝えた分、陽が昇ってからは「大丈夫」「ありがとう」を鳥や風の声にのせて、祖母が私に返してくれました。自らの身体で最期の温もりを教えてくれた祖母は、看取り士としての道を応援してくれているように思えました。

命のバトンを受けわたし、命そのものを見せてくれた祖母に感謝、合掌。

看取り士　円城寺　優子

希望の先の慈愛の世界に

平成という時代の最後の年明けの頃に、息子さんから1本の電話を頂く。

「母を家に連れて帰りたい。お手伝いをお願いします」

初回訪問は6人部屋の病室だった。ご家族の居場所もなく、お母様の土のような顔色を忘れられずに病院を後にする。

2日後、住み馴れたご自宅に戻られたお母様のお顔が、穏やかなピンク色に戻った。目を開けて、ご挨拶にうなずいてくださる。

「母を自宅で看取りたい」息子さんのこの決心と覚悟が、家族のみんなを動かし、ご家族の暮らしが動き始める。

朝、顔を洗い、カーテンを開け、光を感じる。もう食べることはできなくても、共に食事の時間を過ごす。楽しかったお話をたくさん。ありがとうをたくさん。

夜、闇を、星を、月を感じ、床に就く。お部屋の中には、ピアノ曲の童謡「ゆりかごの歌」が流れている。

「ゆりかごの歌を　カナリヤが歌うよ　ねんねこ　ねんねこ　ねんねこよ」

自分が眠っている間に、母親の呼吸が止まってしまうのではないか。不安で目を離すことができない息子さんは、休まれる時はお母様のベッドに添い寝をして過ごされている。

その姿は、幼い頃、なかなか寝つかない息子を、やさしくやさしく寝かしつけているお母様の姿に重なって見える。お母様との愛おしい時間を抱きしめられている。

暮らしが始まって10日。その時はいつ……。あと何日……。どうしても引き算をしてしまう心。

お母様は「今日一日が無事に過ごせて良かったよ、ありがとう」と一日、一日を足していくことの喜びを、身をもって教えてくださる。

そして翌日の夜半過ぎ。祈りの折り鶴は大きな鶴となって、お母様は静かに静かに旅立っていかれた。ご家族が少しうとうとされたのを見届け、安心されるかのように……。

母の愛は、いつも、いつまでも子供たちに降り注いでいる。

出産をすることで、女性はいのちに出遇う。男性も自ら「看取り」をすることによって、いのちに気づいていける時代に、社会に、一歩ずつ変わっていく。

希望と慈愛の世界を教えてくださった皆様に心から感謝、合掌。

担当看取り士　岡　亜佐子

失っていく美しさの中で

桃の花が香る季節。春めいた柔らかな陽射しの頃だった。

冬の晴れ間のある日、お元気にされていたお母様が動けなくなり、食事量も少なくなって、かかりつけ医さんに「先のことを考えましょう」と言われたからと、ご連絡をいただく。

「いつの日か最期の時には、母を看取りたいからその時はお願いしたい」と話されていた娘さんからのご依頼。

「様々なことを誰にも頼らずに暮らしてきた母が、動けなくなった時、人に甘えることができるのかしら。母の死なんて考えられないし不安だから、一緒に居てほしい」とのこと。

最初のご相談の日、ケアマネさんも同席して、娘さん二人に、看取りの関わりについてお話をさせていただいた。

その日から8日目、娘さんからのご連絡。「一日中ほとんど寝ているようになり、お水と少しの栄養ジュースだけになりました。心配だから早く来てほしい」とのこと。

お母様が時折、「苦しい」と呼ばれ、呼吸あわせをさせていただく。わずかな時間で「あぁ、楽になった」と言われる。その日は娘さん二人がおられ、みんなで呼吸あわせをして穏やかに時間が流れた。娘さんは、「最期に間に合わなくてもいいから、来てほしい。できるだけ一緒に居てほしい」と話される。

その8日後、珍しく姉妹二人がおられた日に、ご依頼者様の腕の中で、お茶を飲まれ、大きな目で遠くを見て最期の息をされた。お電話をいただき、駆けつける。

訪問看護の方とともに、娘さん二人が相談しながらお化粧をされた。その後、娘さん達に、看取りの作法でずっとお母さまを抱きしめていただく。その瞬間に、お母様がニコッと笑われる。みんなが指さして「あっ、笑った」と叫ぶほどに笑顔になられた。

お母様の温かいお身体をみんなで触れて、笑ったり涙ぐんだりしながら、思い出話をたくさん話される。娘さんが、やさしく微笑んで「人に頼らず自分で何でもしてきた母から、失っていく美しさを教えていただきました」とお話しくださったことが温かく心に響く。

お母様は、とても美しく穏やかな笑顔で、娘さん達は足がしびれるほど長い時間抱きしめ、お母様の胸に顔を埋めたり、頬ずりしたりされながら命そのものを受け取られる。

死は命のバトンをつなぐことと教えてくださった幸齢者様に感謝、合掌。

担当看取り士　西河　美智子

時が満ちて

麦の穂が空高く伸びゆく5月のある日。1本のお電話を頂く。

「96歳の父が4月に膵臓癌の末期で余命一カ月と診断され、今施設に居ます。弟と2人で看取ることがすごく不安なんです」と娘さんが話される。

2日後、施設に訪問する。お父様は娘さんの手から一口のお菓子とエンシュアを一口だけ召し上がられ「もういい。」と。その姿に、お父様の娘さんへの深い信頼を感じる。お父様に、何かお困りごとについてお聞きすると「何もない」ときっぱりと言われた。お父様の凜とした人生の姿を見せていただく。

お部屋は、趣味で撮られた蓮や紫陽花の美しい写真が飾られ、写真を撮るために娘さんとともに各地で過ごされた思い出話はつきないようだった。

看取り士の存在を知るまでは、亡くなったら施設から葬儀屋さんへと思っていた。今は、父を自宅に帰してあげたい。獣医として仕事をしてきた父の仕事部屋に連れて帰ってあげたいと、希望される。

お父様の体調の良い日、娘さんと一緒に回転寿司で一口ずつ召し上がられ、ヘアカットして、お墓参りもされたと聞く。

これからどうすればいいのか不安だった娘さんと、かかりつけ医さん、施設の方、葬儀社さんと打ち合わせをして、看取り士の役割を説明し、ドライアイスを入れずにご自宅に帰ることなど、確認する。

6月の訪問予定の前日の朝、お父様が旅立たれた。息子さんが施設に向かわれた後、看取り士も訪問させていただいた。

お父様の側で立ち尽くされている息子さんに、お父様に触れて抱いていただく。

「親父、見てるかな。」と恥ずかしそうに、お父様を優しいまなざしで見つめると、「父にはもう時間が無いと聞いていても、どこかで父は死なないと思っていた」と話される。

ドライアイスを入れないままでご自宅に帰り、息子さんが看取りの作法をされる。到着された娘さんも、愛おしそうにお父様の頬に触れ、看取りの作法をされる。

美しいお父様のお顔に、お二人とも優しい笑顔で話される。

息子さんは「死がこわいと思っていたけれど、こんなに穏やかな時間なんですね」と話され、娘さんは「あったかい。ろう人形のように冷たくならなくてよかった。お父さんありがとう。私は幸せ」と言われた。

お父様は、輝くように美しい姿で、穏やかにやさしく時が流れた。

旅立ちの温かさを教えて下さったお父様に深く感謝、合掌。

担当看取り士　西河　美智子

抱きしめて命を重ねて

一年に一度必ず訪れる桜が満開の時、50年咲き続けた桜が舞った。

献身的にご主人を支え続けてきた奥様が、50年添い遂げたご主人に抱かれて旅立たれた。

看取り士の派遣依頼をされたのは、息子さんからだった。

自分の余命が長くないと感じた奥様は、自分亡き後のご主人を心配して、ご主人が暮らしていくホームを決めてからホスピスに入られた。

一人で奥様を見舞いに行くご主人。会わずにいれば不安になるが、いざ会いに行くと、どうしたらいいのかわからずに間がもたない。そして、余計なことを話してしまい奥様の気分を害してしまう。そんな日々が続く中での看取り士の依頼であった。

眠っている奥様の手を握り、ご主人が呟かれる。

「おれは、お前がいなくなったら生きてる意味がない」

蕾だった桜が満開になろうとする頃、ホスピスの看護師さんがご主人に尋ねられる。

「お泊りになられますか」

一緒にいて欲しいとのご要望があり、ご主人とともに奥様のおそばに寄り添うことにする。

ご主人もご高齢のため家族室で休んでもらい、ひとり奥様のそばに寄り添わせていただいた。

未明に呼吸が変わる。

家族室で休まれていたご主人にお声かけし、ふたりで奥様のおそばに。

だんだんと呼吸が弱くなっていく奥様。

心の中に何を思うのだろう。ただじっと奥様を見つめ寄り添うご主人。

そして明け方、最期の呼吸をご主人はしっかりと確認された。

奥様をそっと抱き起こし、ご主人にしっかりと抱きしめていただいた。

「奥様を抱きしめてあげてください。私は、外におりますので」と声をかけて退室する。

奥様をしっかりと受け止めてキスをするご主人。

私が部屋を出ると、ご主人が奥様の名前を呼びながら慟哭する声が聞こえた。

「目には見えないけれど、ずっと一緒におられるんですよ。桜の花も散って見られなくなりますが、一年後、約束したようにまたその姿を見せてくれます」

旅立ちは命を渡し、心の中に生き続けることだと教えてくださったお二人に感謝、合掌。

担当看取り士　大橋　尚生

あとがき

1993年から毎月一篇ずつ、こうした日記を書き始めて292篇になる。その間に私の活動は、九州福岡から島根の離島に移り、そして現在拠点を岡山に移しています。

施設職員からホームヘルパー。そして看取りの家「なごみの里」を設立、10年間抱きしめて看取る実践を重ね「看取り士」と「無償ボランティア・エンゼルチーム」という形態に姿を変え、現在は在宅ホスピス活動を全国に展開しています。

2019年6月現在、看取り士550人、無償ボランティア・エンゼルチーム579支部になりました。

看取りの活動をはじめて28年、私は今、日本一の幸せ者だと思っています。

わがままな私を見捨てることなく、根気強く見守ってくれた家族、そしてご縁をいただいた全ての皆様には心から感謝しています。また、本書を出すにあたりご尽力をいただきましたミネルヴァ書房の皆様、そしてあうん社の平野様の真心に手を合わせています。

私たちの夢は、全ての人が最期に愛されていると感じて旅立てる社会を作ること。全ての人の尊厳ある最期が守られる社会になることを祈っています。

最後に、尊敬する坂村真民先生の詩を、『自選　坂村真民詩集』(致知出版社、2016年)の中からご紹介いたします。

二度とない人生だから　　坂村　真民

二度とない人生だから
一輪の花にも
無限の愛をそそいでゆこう
一羽の鳥の声にも

無心の耳をかたむけてゆこう
二度とない人生だから
一匹のこおろぎでも
ふみころさないよう
こころしてゆこう
どんなにかよろこぶことだろう

二度とない人生だから
一ぺんでも多く便りをしよう
返事は必ず書くことにしよう

二度とない人生だから
まず一番身近な者たちに
できるだけのことをしよう
貧しいけれど

こころ豊かに接してゆこう
二度とない人生だから
つゆくさのつゆにも
めぐりあいのふしぎを思い
足をとどめてみつめてゆこう

二度とない人生だから
のぼる日　しずむ日
まるい月　かけてゆく月
四季それぞれの星星の光にふれて
わがこころをあらいきよめてゆこう

二度とない人生だから
戦争のない世の実現に努力し
そういう詩を一篇でも多く作ってゆこう

わたしが死んだら
あとをついでくれる若い人たちのために
この大願を書きつづけてゆこう

すべての尊い命
やさしく、やさしく、やさしくと唱えながら

私の夢――〝最期の時　全ての人が愛されていると感じられる国創り〟を夢みて…。
全ての人々の幸せを祈り、感謝、合掌。

２０１９年（令和元年）夏

看取り士　柴田　久美子

《著者紹介》

柴田久美子（しばた・くみこ）

1952年　島根県出雲市生まれ。
老人福祉施設勤務を経て、病院のない離島に看取りの家「なごみの里」を開所。

2012年　一般社団法人「日本看取り士会」を設立。

現　在　一般社団法人なごみの里代表理事、一般社団法人日本看取り士会会長。

著　書　『私は、看取り士。』佼成出版社、2018年
『マザーテレサ　夢の祈り――看取り士20人の想いと願い』（編著）あうん社、2017年、ほか多数。

一般社団法人日本看取り士会（http://mitorishi.jp/）

［企画編集］あうん社　平野智照
［制作協力］丹波新聞社

幸せになるヒント
――わたしの出会った観音様たち――

2019年9月30日　初版第1刷発行　〈検印省略〉

定価はカバーに
表示しています

著　者　柴田　久美子
発行者　杉田　啓三
印刷者　藤森　英夫

発行所　株式会社　ミネルヴァ書房
607-8494　京都市山科区日ノ岡堤谷町1
電話代表　(075)581-5191
振替口座　01020-0-8076

©柴田久美子，2019

亜細亜印刷

ISBN 978-4-623-08757-0
Printed in Japan

この国で死ぬということ

柴田久美子著　「看取り士会」を創設した著者が、映画『みとりし』誕生のきっかけを語る。
二〇数年かけて広めてきた「看取り士文化」の集大成。四六判・二五六頁・本体一八〇〇円

日本発　母性資本主義のすすめ
●多死社会での「望ましい死に方」
藤　和彦著　四六判・二五六頁　本体二〇〇〇円

めざすは認知症ゼロ社会！
スマート・エイジング
●華麗なる加齢を遂げるには？
川島隆太著　四六判・二五六頁　本体二六〇〇円

生老病死の医療をみつめて
●医者と宗教者が語る、その光と影
中井吉英編著　四六判・二二四頁　本体二五〇〇円

ホスピス医が自宅で夫を看取るとき
玉地任子著　四六判・二五六頁　本体一八〇〇円

ミネルヴァ書房
http://www.minervashobo.co.jp/